杰弗逊传

[美] R.B.伯恩斯坦 / 著
(R.B.Bernstein)

徐静姿 / 译

Thomas Jefferson

中国人民大学出版社
·北京·

致　谢

　　写作本书是基于 Nancy Toff 的建议。在整个构思和写作的过程中，我日益敬佩她工作的干劲、深刻且专业的编辑功底以及对于出版行业的丰富知识。我同时要感谢她在牛津大学出版社的同事们，他们是：Janielle S. Keith、Karen Fein 和 Brigit Dermott。特别感谢文字编辑 Nancy Hirsch 对我的耐心和鼓励，感谢 Jane Coughran 为本书的插图提供的宝贵帮助。

　　感谢我的家人——母亲玛丽莲·伯恩斯坦（Marilyn Bernstein）、妹妹琳达·A. 伯恩斯坦（Linda A. Bernstein）和哥哥史蒂文·J. 伯恩斯坦（Steven J. Bernstein）——他们对我写作此书给予了极大鼓励；感谢我的两位导师，Henry Steele Commager 和 Richard B. Morris；感谢耶鲁大学的 Joanne B. Freeman 教授、弗吉尼亚大学的 Peter S. Onuf 教授、纽约法学院的 Annette Gordon-Reed 教授、诺瓦东南大学的 Charles Zelden 教授以及纽约大学法学院的 John Phillip Reid 教授；我还要感谢的人包括：Maralyn Lowenheim, Gaspare J. Saladino, Michael A. Bellesiles, Felice J. Batlan, Benjamin Irvin, Barbara Wilcie Kern, Shalom Doron, Stephen Schechter 和 Stephanie Schechter, Ron Carter 和 LaRae Carter, Marilee B. Huntoon, April E. Holder, Ron Blumer, Muffie Meyer, Ellen Hovde, Phillip A. Haultcoeur, Marvin Kitman, Hedy A. Lowenheim 和 Pat Wood, Mary E. P. Commager, Maureen K. Phillips, Joseph Newpol, Kathleen E. Spencer 和 Andrew Maclean（及他们的儿子 Aidan）, Nathan D. Spencer 和 Jennifer Maclean（及他们的儿子 Evan）, Edward D. Young Ⅲ 和 Gina Tillman-Young 以及他们的子女 Christa、Adam、Noah、Luke、Peter、Mary Maya 和 Moses。

此外，高地图书公司及其姊妹公司公园坡书店给读者和员工带来了乐趣以及提供了绝佳的资源，这要归功于以下这些人的努力，我在此一并感谢，他们是：Ned Futterman（及其妻子 Jeanine、孩子 Ben 和 Abigail）, Stanley Fogel, Yuval Gans（及其妻子 Vico）, James Leopard, Marta Zieba, Darcy Sharon, Amanda Brown-Inz, Monica Hairston, Emily J. Lordi, Erin Rogers, Richard Grundy, Alon Cohen, Jennifer Parkhurst, Harry Gonzalez, 并尤其感谢 Molly Myers。

目　录

引　言……………………………………………………………… 1

第一章　弗吉尼亚的一名年轻绅士（1743—1774 年）…… 13

第二章　"我们坚持这些真理……"（1763—1776 年）…… 31

第三章　艰苦的革命工作（1776—1784 年）……………… 59

第四章　"请仔细看看我身处的被吹捧的欧洲！"

　　　　（1784—1789 年）　…………………………… 83

第五章　"党派自称为联邦和共和"（1789—1793 年）……… 119

第六章　触摸土地（1794—1797 年）……………………… 151

第七章　巫师的统治（1797—1801 年）…………………… 167

第八章　"我们都是共和党人，我们都是联邦党人"

　　　　（1801—1805 年）　…………………………… 193

第九章　辉煌与痛楚（1805—1809 年）…………………… 223

第十章　热情与苦恼（1809—1826 年）……………………… 239

终　章　"我去世之时，尽请关照……" ……………… 267

大事年表 …………………………………………………… 279

引　言

蒙蒂塞洛（Monticello）的家族墓园与旁边绿树成荫的墓地被不加修饰的铁栅栏分隔开来，站在跟前，正中的墓碑吸引着你的目光。这是一座灰色石头的方尖碑，上面刻着简单的铭文：

> 这里安葬的是
> 托马斯·杰弗逊
> 1743 年 4 月 2 日旧历①——1826 年 7 月 4 日
> 《独立宣言》起草者
> 《弗吉尼亚宗教自由法令》起草者
> 及弗吉尼亚大学之父

现在这座墓碑竖于 19 世纪 80 年代。之前的墓碑已经严重受损，除了受风雨侵蚀，热爱旅行纪念的人群来此瞻仰时也往往会用随身携带小刀刻画一番。尽管重立墓碑，碑文却没有变，仍是托马斯·杰弗逊在他临终那年所撰的内容，上面列出

---

① 旧历：1752 年以前英国和美国使用的历法。依该历法，一年自 3 月 25 日开始，四年一闰。——译者

的成就，据他写道是"我最希望被人记住的"。

墓园是一个静谧之处。到访的游客在接近栅栏时也变得安静了。杰弗逊愿意他的墓园有这份安静，他一生也都在渴望这份宁静。他经常说自己向往一种宁静沉思的生活，以书本、建筑绘画及科学研究为志趣。

但在生活中，杰弗逊却从未找到这份去世后伴随着他的宁静。作为一名政客和政治家，他卷入过争议，遭受过许多批评和嘲笑，他受伤之多、之深令他永远无力恢复。也许正出于这个原因，他在碑文中隐去了自己的政治职务。然而，他所选择的词语又是如此恰如其分、引人注目。杰弗逊向后人展示的身份是一个最为注重观念的人，这个共同主题把他墓碑上所列的三大成就联系在了一起。

首先，他声称创作了美国革命的核心政治信仰，对新生美国的核心准则和席卷世界的梦想做出了最有力的陈述——独立和自治。其次，他宣布自己起草了他所处时代最具革命性的法令，此法令否认政府有权规定男性和女性的宗教信仰。最后，他宣告自己创办了一所不与任何宗教或教会为伍的大学，这所大学着眼于推进公民教育，服务他所热爱的弗吉尼亚，并且成为世界的楷模。总之，杰弗逊希望后人看待他就如他看待自己一样，是可以借此改造世界的观念变革的代言人。

对于塑造自己的历史声誉，杰弗逊一向小心谨慎。1826 年初，在他去世的前几个月，他亲自设计了自己的墓碑并撰写了碑文独立、自治、宗教自由以及开明的公民是杰弗逊观念变革的群星中最为璀璨的几颗；它们至今令人瞩目，照亮着我们的希望。杰弗逊的观念变革还有很多其他闪光点，但对于我们来说，这些观念的光辉却已经日渐消逝。

这些闪光点的其中之一是杰弗逊对于良好社会的愿景。他认为良好的社会应该是独立农民的共和国。农民如果最大限度地自给自足，他们便会维持高尚的简单生活，并因此维护整个共和国。他们不会向往财富和享受，也不会向往能够创造和分配财富的经济活动（贸易和商业）。

杰弗逊思想的第二个闪光点是他关于美国联邦本质的看法。杰弗逊是一位富有激情的民族主义者，同时他又热切地主张各州应该在有限的联邦共和国里尽可能地保持独立。他逐渐地发展出关于美国政治和政府理想结构的详细概念。这一结构采用金字塔的形式：基层是区，即弗吉尼亚人和其他美国人进行自治的地方区域；区以上一级是县；县上面是州，即杰弗逊所认为的美国政府的真正组成部分；联邦政府在有限的范围内拥有有限的权力，是金字塔的压顶石。

第三个闪光点是杰弗逊关于谁能成为联邦共和国居民的概念。对于建立一个多文化、多种族社会的现代理想，杰弗逊并不欢迎。他愿意将美洲印第安人纳入他关于美国的理想中，但前提条件是他们放弃传统习俗文化并接受农业的生活方式，因为杰弗逊坚称后者才是良好社会的唯一真实的基础。如果不接受，他们就应该离开美国。杰弗逊关于奴隶制的观点是十分矛盾的，但他关于被奴役的非裔人民，甚至是自由的非裔美国人的观点却并不矛盾。

杰弗逊认为与生俱来的权利是上帝给予每个有能力明辨是非的人的礼物，所以他对奴隶制充满愤怒和绝望。然而，这种愤怒和绝望又加深了他这样的信念：即使奴隶制被废除了，获得自由的奴隶也不可以与他们以前的主人共处。杰弗逊害怕两者互相敌视，他也认为非裔人民比白种人位低一等。随着杰弗逊年龄的增长，他的种族观点变得更加强烈；早期的反奴隶制观点渐渐模糊，他越发相信白种美国人面临着一个无法解决的两难境地。1820 年，在写给马萨诸塞州政客约翰·霍姆斯（John Holmes）的信件中，他以令人难忘的口吻描述道："我们现在是骑虎难下了。我们既不能抓住他，也没法让他安全离去。正义和自保难以兼得。"

最后，杰弗逊被债务的噩梦所缠扰，他的生活和拥有的地产也因此黯然失色。在杰弗逊看来，债务是对个人和国家独立最大的威胁。他债台高筑，无法随心所欲地过自己的生活，最终也没能偿还所有欠款。他把国家债务看成自由共和国的死刑，因为债务引起的腐败和战争会破坏美国的自由。最后，债务粉碎了杰弗逊对于自己和国家的希望。个人负债让他把蒙蒂塞洛传给继承人的愿望落空了，而国家债务让他为之奋斗的、建立一个没有腐败以及自给自足的农民共和国的理想走向破灭。

杰弗逊在这场观念的变革中发挥了深刻的个人作用。其他美国人也承诺要进行变革，但投入的热情和持有的观念却与他不同。杰弗逊几乎是孤单的，他投入的所有精力和热情都是为达到一个至高无上的理念，即这场变革是世界性的。他把美国革命看成席卷全人类的民主革命时代的序曲。相比之下，他的老朋友和曾经的盟友约翰·亚当斯（John Adams）却认为，美国革命只是一个独立的美国事件，不会产生更大的世界性影响。

杰弗逊关于美国革命是世界性的看法是有其局限性的。杰弗逊不愿意把妇女、坚守自己传统的印第安人以及非裔美国人纳入革命当中。但即便如此，处于这场观念变革核心的世界性却超越了他的希望和期待，杰弗逊作为一位哲学家和自由卫士的名声也渐渐得以树立并传播开来。

杰弗逊生活中的矛盾让所有研究者都为之困惑。杰弗逊提倡自由，自己却拥有奴隶；他为奴隶制深感忧虑，用他所称的基于科学的种族理论为奴隶制辩护。他是有限政府的捍卫者，希望各州可以保留权力，但作为总统，却创造性并广泛地使用国家权力——在有些方面甚至接近专制。他注重个人生活，声称厌恶政治，但却成为那个时代杰出的政治家。他具有贵族气质和品位，却成为美国民主的标志和最具说服力的声音。他是18世纪晚期弗吉尼亚一名有教养的绅士，却成为自由、民主和人权的永恒的理论家。

在杰弗逊所处的时代，所有知识对任何好学之士似乎都是开放的，即便如此，杰弗逊的兴趣和追求之广也令人称奇。启蒙运动庞大而多样的思想和思辨体系主导了西方世界长达一个多世纪，杰弗逊积极地参与到知识界的启蒙运动当中，涉猎甚广。他是一名天才的建筑家、技术精湛的小提琴家、勇敢的宗教学徒、美食和红酒鉴赏家、热忱的业余科学家和科学研究的发起人、喜爱改进各种发明的热情的工匠，也许还是他那个时代最好的作家。可问题是，虽然杰弗逊从未索求他人称赞，或者有时他并不够格，人们还是因为其独创性对他赞誉有加。杰弗逊博览群书且好奇心十足，但他并不具有杰出的创造力，而在改进和诠释他所处时代的观念上，他表现得才华横溢。

杰弗逊的私生活与他作为一名政治家和思想家的身份交织在一起。他不是一位孤独的哲人型政治家——他还是一位种植园主、奴隶主、丈夫、父亲和情人。杰弗逊试图把自己的生活整齐地分类，但他公众和私下的角色却不可避免地越过了各自的界限并融合在了一起。最近学界探究的一个领域便是杰弗逊与他的奴隶萨莉·赫明斯（Sally Hemings）之间的关系，这个问题触发的争议令人忧心忡忡。

对于任何想著述杰弗逊生平的人来说，他都面临着许多挑战。其一是有太多内容要放入一个完整的框架之中。杰弗逊一生写了 16 000 多封信，接到的信件至少也有 26 000 封。他也许比他同时代的其他美国人都要多产，并且他写作的题材之广、内容之妙也超过了他人，他所有的思想和情感似乎都跃然纸上。但就其外在表现来说，大部分时候杰弗逊又会刻意为之。他小心谨慎、生性内敛，在朋友、同事、仰慕者和敌人面前展示的形象不尽相同。杰弗逊很少表现出自我批评和自知之明的性格，而这种性格在约翰·亚当斯的文字中却表露无遗。因此，我们必须采用间接的方法，筛选各种隐秘线索，从字里行间去理解也许连他自己都未察觉的意思。杰弗逊的秉性就像一个万花筒，他想法和性格上的方方面面在不同的场合、事件和时刻都呈现出不同的模式及细微的差别。

　　另一个研究问题就是杰弗逊的性格。在他一生之中，以及他去世后的近两个世纪里，杰弗逊总是被指责为不诚实的人。因为他的观念随时间而变，所以有时他言行不一。比如，他把良好社会的理想扎根于农业，即他所认为的最有美德的生活方式，但他自己却尝试制造业，在蒙蒂塞洛建立了磨坊和一个钉子工厂（并希望从中谋利）。

　　有时他的不一致解释了他和我们各自所处的时代中价值观方面的深刻差异。比如，他声称讨厌政治，却允许自己被举荐到政府高层。是他不诚实吗？或者这只是他所处时代的绅士所为，因为他知道，政治抱负如不加掩饰就不光彩了，并且候选人就该否认政治抱负而勉强就职？一个更加麻烦的例子是，他关于人类平等的主张与其种族不平等及男女有别的观点互相冲突，他认为两性的差异使得男人适合从政，而女性应该被排除在外。他捍卫言论自由和结社自由，却对攻击他或反驳其民主观点的人采取严厉的法律措施。他表示与某人交好，却又在别人面前严厉批评这位朋友。杰弗逊认识太多的人，因此他给不同的人写的话总会有矛盾之处，前后不一的情况也有可能出现。当这些矛盾真正显露之时，引起的争议便令他极为尴尬。

近年，美国人开始不信任那些声称为人民代言的人，他们对政客悲观失望，对政府表示怀疑。杰弗逊的言论助长了人们的这种观点。但讽刺的是，很多人对杰弗逊本人也持有悲观怀疑的态度，与之前对他过度的英雄崇拜背道而驰。

美国不受任何境外的威胁——这个本由杰弗逊主创的理念——被2001年9月11日发生的悲剧击得粉碎。1801年3月4日，杰弗逊在其第一次总统就职演说中提醒同胞们，他们"被大自然和一片宽阔的海洋幸运地分隔开来而免受世界上任何地方毁灭性的影响"。尽管美国经历过1941年日本偷袭珍珠港的事件和持续近半个世纪的冷战，但"9·11"事件带来的影响是史无前例的。摧毁世贸中心、袭击五角大楼、宾夕法尼亚农村地区93号航班坠毁，这一切终结了美国不受任何外在袭击的观点。

我们可能要问：在这个新奇而可怕的世界，托马斯·杰弗逊的生活对我们有什么意义呢？政客和评论家告诉我们，我们生活的时代充满着前所未有的危机。但是在杰弗逊和他的同代人所生活的年代，危机则从未中断。从 1765 年到 1775 年，围绕美洲殖民地在英帝国范围内的权利和义务，他们必须与英国展开争论。从 1775 年到 1783 年，面对世界最大的军事和海上强国之一，他们必须宣战并艰难地赢得了美国独立。从 1776 年起，他们艰苦卓绝地进行政府形式的创新来维护美国革命终将赢取的自由。1788 年，即使在他们通过宪法之后，危机感也没有结束。他们的有生之年都面临着一系列挑战：要让新的政府体制和机构得以运作，在一个全新的未曾尝试过的宪法框架中施行政治，以及检验政治冲突和派系矛盾是否能被新宪法所制约。即使在退休之后，各种寻求建议和指导的问题、恳求和要求仍然让杰弗逊、麦迪逊（Madison）及其同事们应接不暇。

杰弗逊和他的同代人一直很清楚这些政府实践的脆弱性，而这种认识又加剧了他们的危机感。他们承诺要维护美利坚共和国，并且他们愿意为此付出高昂的代价。他们对理想的坚守增强了我们的信心——也给我们提出了挑战。杰弗逊和其他的建国一代人不得不进行学习而不敢有丝毫松懈，而他们实施创新性改进的非凡之举也在挑战着我们——是否能做到和他们一样。

第一章

弗吉尼亚的一名年轻绅士
(1743—1774 年)

托马斯·杰弗逊告诉儿孙们，自己最早的记忆是他 2 岁的时候，在弗吉尼亚里士满以北的詹姆斯河沿岸，家里从他的出生地沙德维尔农场搬到了塔卡霍农场，当时，是一名忠诚的奴隶让他坐在枕头上扛着他去的。81 年之后的 1826 年，杰弗逊临终之时，另一名忠诚的奴隶听其要求调整了他枕头的位置，以便他能躺着更舒服一些。奴隶制作为弗吉尼亚乡绅生活的一个核心成分，与杰弗逊的一生紧密相连并给予了他许多帮助。无论在我们看来杰弗逊显得多么新派甚至是富有远见，他都是他所处时代和地方的产物。

作为弗吉尼亚最显赫家族之一的成员，杰弗逊出生在英属美洲帝国的西部边界，他也是在那里长大的。因此，他早期就兼具贵族和拓荒者的特质。他于 1743 年出生在古奇兰 [Goochland，后称阿尔伯马尔（Albemarle）] 县的沙德维尔农场。他把自己的出生日期按照"旧历"（墓碑铭文中曾提到过）记录为 1743 年 4 月 2 日。1758 年，英国停止使用旧历，采用了更可信的格列高利历，所有日期往后推了 11 天；因此，我们把杰弗逊的生日视为 4 月 13 日。

杰弗逊的母亲，简·伦道夫·杰弗逊（Jane Randolph Jefferson）出生于 1720 年，她所属的伦道夫家族十分富有，也很自豪，在弗吉尼亚种植园主精英中该家族成员最多。伦道夫家族声称是英格兰和苏格兰王室的后代，杰弗逊却认为这种说法傲慢自大且毫无意义。对于杰弗逊的母亲，我们知之甚少。母子之间没有留下任何通信文件，杰弗逊的文字当中也很少提到自己的母亲，每每提及，也只是冷漠的事实陈述。

相比之下，杰弗逊以他的父亲为荣。彼得·杰弗逊（Peter Jefferson）出生于 1708 年，是威尔士移民的后代。作为一名勘察员及制图人，彼得·杰弗逊因他的勤奋、实力、忍耐和技术而赢得了名声和尊重。1751 年，他与约叔亚·弗赖伊（Joshua Fry）一起勘察了弗吉尼亚，并制定了当时第一张准确的地图。杰弗逊在他唯一所著书《弗吉尼亚州笔记》（*Notes on the State of Virginia*，1787）中很自豪地重印了这张地图。杰弗逊年老时向孙子们讲述了自己父亲的英雄事迹。比如，有传闻说，彼得曾经下令奴隶们拆除种植园里的一处房屋，而奴隶们却承认自己无法做到，这时彼得抓起绳索，用力一拉，房子便轰然倒下。

托马斯·杰弗逊年少时并不像亚历山大·汉密尔顿（Alexander Hamilton）一样才智过人，能让比自己年长的人都心怀钦佩。因此对于他的少年时期，我们只知道他讲给儿孙们的自己受教育的经历。杰弗逊有两个姐姐、一个弟弟和两个妹妹。其中一个姐姐伊丽莎白（Elizabeth）智力发育迟缓。1774年初，她28岁时，在一次雷雨中从家里走失，之后被发现时已经去世。关于杰弗逊的弟弟伦道夫（Randolph），从他写的几封书信来看，最多也只是中等才智。至于杰弗逊，我们知道他在9岁时已经很喜欢音乐并会拉小提琴；在他敬爱的姐姐简（Jane）唱歌时，他也经常陪伴左右。

彼得·杰弗逊白手起家，自学成才，他非常重视教育，逐渐培养起长子杰弗逊的学习热情。弗吉尼亚在殖民地时期没有公立学校，乡绅们就雇用私人家教给孩子们上课。因此，托马斯·杰弗逊很小的时候就在家里接受教育。9岁时，父亲送他去威廉·道格拉斯（William Douglas）教士开办的当地私立学校就读。道格拉斯讲授拉丁文和希腊文，当时这两门课是绅士教育的基础。虽然小托马斯学习古典语言毫不费力，他却不喜欢道格拉斯，觉得他才能颇低。

1757年，托马斯14岁时，彼得·杰弗逊去世，年仅49岁。他在遗嘱里指定两位朋友来监管家庭财政并作为孩子们的监护人。两人给托马斯找了一位新老师，詹姆斯·莫里（James Maury）教士。在杰弗逊的自传里，他称莫里为"言行得体的古典学者"，这个称谓在杰弗逊看来已经是赞赏有加了。两年里，莫里指导托马斯学习了拉丁文、希腊文、古典文学、数学和其他科目。莫里精通拉丁文和希腊文，这一点托马斯十分尊重，但他却不喜欢老师看法狭隘。莫里谴责任何不属于英国国教会的人，并最终在英美殖民地斗争中站到了英国一边。

1760 年，杰弗逊 17 岁时，他觉得师从莫里再无进益。因此，他给监护人约翰·哈维（John Harvie）写了一封信，想得到对方允许去弗吉尼亚首府威廉斯堡的威廉玛丽学院就读。哈维赞同了这个决定，不久之后杰弗逊便与奴隶丘辟特（Jupiter）一起来到威廉斯堡，这是他所见过的第一座大城市。威廉斯堡在 18 世纪 70 年代时已拥有约 2 000 名居民，近乎一半是非洲奴隶。市内有很多朴素却维护得很好的砖木建筑，市中心坐落着立法大楼、总督官邸和威廉玛丽学院。

"上这所大学对我有利"

1760 年 1 月 14 日，16 岁的托马斯·杰弗逊写信给他的监护人约翰·哈维，试图说服对方允许自己就读弗吉尼亚威廉斯堡的威廉玛丽学院。得到了哈维的允许后，年轻的杰弗逊成为这所学院一名好学聪颖的学生。然而，就读于弗吉尼亚这所唯一的学院，杰弗逊却对这里的教育和学院的建筑风格感到不满。这封信是现存的杰弗逊最早的作品。

　　先生，两周前我在科罗拉多的彼得·伦道夫（Peter Randolph）家，和他讨论了我的上学问题。他说他觉得上这所大学（威廉玛丽学院）对我有利，并十分希望我能去。我自己也确实十分想去，原因有以下几点：第一，只要我还待在乡间，我必然会浪费掉1/4的时间，因为朋友们总不免过来打扰，耽搁我上学的工夫。而如果我不留在家里，客人们便大大减少了，用以管理家务的费用也就降低了。第二，上大学会让我交游更广，这对我以后也许有用，并且和这里一样，我还是可以继续学习拉丁文、希腊文，再学点数学。静候佳音。

　　资料来源：Thomas Jefferson to John Harvie, January 14, 1760, in Merrill D. Peterson, ed. *Thomas Jefferson: Writings*. New York: Library of America, 1984, p. 733.

　　威廉玛丽学院是美国历史第二悠久的大学（仅次于哈佛）。以现代的标准衡量，当时它算不上一所真正的大学。多数学生很少理会学术要求，也不热爱学习。几乎所有的课程都采取讲座的形式，教授们似乎也不在乎学生是否出勤。与同时期的英国牛津大学和剑桥大学类似，学生们把精力和热情都放在了赌马、玩骰子、玩扑克和追求女生身上。虽然杰弗逊也曾这样消遣过，他还是愿意专心学习。他主要的娱乐是弹奏小提琴。事实上，在就读威廉玛丽学院前的圣诞假期里，他遇到了另一位年轻的小提琴手——帕特里克·亨利（Patrick Henry），两位演奏者在为期两周的假日狂欢里为伙伴们带来了许多欢乐。

杰弗逊自 1760 年起就读于威廉玛丽学院，1762 年毕业。杰弗逊真正的教育都是在课堂之外，由威廉·斯莫尔（William Small）教授指导。斯莫尔讲授数学和"自然哲学"（即我们所称的科学），他是全校最好的教授，也只有他不是英国国教会的牧师。他比杰弗逊仅年长十岁，对这名身材瘦长、红褐色头发的学生以朋友相待，并把他介绍给弗吉尼亚副总督弗朗西斯·福基尔（Francis Fauquier）和杰出的律师乔治·威思（George Wythe）。

不久，杰弗逊便成为这个开朗博学的团体中的一员，虽然年纪较轻，大家与他平等相待。杰弗逊全身心地吸收着各方面的知识，福基尔还经常组织杰弗逊和其他音乐家与自己一起参演室内乐的非正式音乐会。杰弗逊与威思的友谊是他在大学期间的最大成就。威思出生于 1725 年，是当时弗吉尼亚最出色的两大律师之一，他德才兼备、颇有名气。他经常与杰弗逊讨论法律，因此，杰弗逊从威廉玛丽学院毕业之后，决定跟随威思学习法律。

在杰弗逊那个时代，并没有所谓的法学院。准律师需要在一位成名律师的指导下"攻读"法律。攻读有两个意思：学习（并推敲）法律专著，以及抄录诉状（用于诉讼的法律文件）、遗嘱、合同和信件这样的苦差事。抄录的目的是给学生反复灌

这是唯一一幅已知的 18 世纪时期威廉玛丽学院的图片，托马斯·杰弗逊 1762 年毕业于此。杰弗逊对这所学院的批判促使他日后在夏洛茨维尔创办了弗吉尼亚大学

输法律文件的公式化用语，培养法律用语习惯。

当时大多数英美律师学习的法律书籍是 17 世纪法学家爱德华·柯克（Edward Coke）爵士的作品。柯克的著作浓缩了基于几十年的司法判例并经一代代律师发展起来的英国法律的智慧，即俗称的"普通法"体系。作品呈现出 17 世纪典型的复杂、晦涩的文风，以至于 1762 年圣诞节时，年轻的杰弗逊写信给朋友约翰·佩奇（John Page）强烈抱怨道："我真希望柯克魔鬼缠身，因为我确定我有生以来从未如此厌倦一位乏味的老无赖。"在杰弗逊那个年代，几乎所有的法学生都持有这样的观点，但与他们不同的是，杰弗逊全面地学习了柯克的著作。

　　威思不仅是一位律师，还是一名学者，他并不想让杰弗逊的法律教育停留在柯克的老一套和抄录的层面。他使用了一个基于自己的思考和阅读习惯的方案，他希望学生们热爱系统性的法律学习，专心地进行研究，并采取法律研究和辩论的高标准。威思让杰弗逊阅读历史、哲学和伦理，使枯燥的法律素材有了思想的高度。杰弗逊日后训练那些志向满满的律师时，也采用了威思曾经用于他身上的法律教育方法。

　　威思教导了三代弗吉尼亚的律师，杰弗逊是他最喜欢的学生，杰弗逊也同样尊敬他的导师。杰弗逊不仅模仿了老师细小整齐的书写特点，并且与威思一样，反对句子首个字母大写。两个人一直是朋友兼政治盟友。直到 1806 年，威思的一位孙子因威思把自己排除在遗嘱之外，怒从心起，威思被悲惨地毒害身亡。1820 年 8 月 31 日，杰弗逊向传记作家约翰·桑德森（John Sanderson）简要描述了威思的一生，认为他比罗马执政官马库斯·加图①还要品行高尚，虽然后者是潜心研究古希腊罗马经典的 18 世纪美国人的行为榜样：

　　　　没有人像他一样留下这么受人尊敬的人格……他的美德是最纯粹的，他致力于自由及人生来具有且平等的权利，所以确实可以被称为他所属国家的加图，而又没有加

---

　　①　马库斯·加图（Marcus Cato，公元前 234—公元前 149 年）：古罗马政治家、作家，曾任执政官、监察官等职。加图维护罗马传统，发起积极的改革运动，试图阻止希腊文化不断扩大的影响。——译者

图的贪婪；因为从没有人像他一样公正不阿。禁酒和规律生活使他身体健康，他的率真、谦虚和温和让他赢得了每一个人的喜欢……这就是乔治·威思，他那个时代的光荣，后世的模范。

1767 年，在师从威思将近 5 年后（比学习普通的法学课程超出一倍多时间），杰弗逊成为弗吉尼亚律师界的一员。他不需要面对现代律师必须通过的律师考试，相反，是威思向一个成名律师的委员会保证，说他的学生品行正直、富有能力并接受过良好的训练。之后，杰弗逊回答了律师们关于法律事务的问题。最后，他宣誓加入这个团体，并与他的保证人及主考官一同就餐。

杰弗逊没有辜负威思对他的期望。他的学识、文学素养和法律专长，以及他作为弗吉尼亚两大家族成员的身份让他一跃跻身于弗吉尼亚最知名律师的行列。像威思一样，他从事的业务主要是房地产和遗产；在殖民地时期的弗吉尼亚，种植园主对这些方面十分关心以至于他们把自己的大部分事务都交给律师打理。像威思一样，相比具体的法庭工作，杰弗逊更喜欢律师业所涉及的知识层面，但他也参与审理案件并打赢了多场官司。

1774 年 11 月，杰弗逊退出律师行业。对于弗吉尼亚法律规定的低额诉讼费，虽然他和同事们一起抗议过，但他退出律师行业还有另外一个原因：他不需要以这种方式养活自己。他首先把自己看成一名体面的种植园主。农场主用自己的双手耕地，而种植园主雇用帮手（或买来奴隶）运作农场。绅士是独立的个人——也就是说，他的收入不依靠雇佣者。绅士不用量入为出，他们不应该去理会这些事情。同样，绅士们的行为也应让社会和政治精英们接受。他们理当自我克制，言谈举止小心谨慎。他们尤其试图保护自己的名誉和声望，因为正是名誉和声望让他们的话值得信赖，让他们受到邻里和下级的尊重，也让他们成为可信的生意伙伴和受人爱戴的政治领袖。

不管是从出身还是后天的教养来说，杰弗逊是弗吉尼亚的一名年轻绅士，同时也是该殖民地执政层的一名正式成员。因此，1768 年，杰弗逊的邻居选举他作为他们在弗吉尼亚下议院即城镇自治议会的代表，就不足为奇了。他不需要参选履职；相反地，他的选举只是一个仪式。在社区有头脸的绅士的指导下，选民们同意推举此前确定的候选人。候选人会请选民们喝酒，在自家草坪上摆上大桶的潘趣酒①或苹果酒，或者在一家便利的酒馆举办聚会。当有两名重要人物参选同一职位时，他们会通过分发食物饮料来争取邻居的投票。选举当天，每位选民都会走向投票箱，公布自己的选择，接受候选人的致谢，同时也承受对方阵营的奚落。

从外表看来，杰弗逊是一名典型的种植园主精英。但是，

---

① 潘趣酒（punch）：一种以水、酒、果汁和各种香料混合而成的饮料。——译者

他留存的文字却表明他又是与众不同的。他对充满智慧的生活方式更感兴趣，也勇于进行智慧的探索，并愿意质疑既定惯例。像同时代其他有教养的绅士一样，他备有一个记事本，上面抄录着他感兴趣的书籍的摘要。本子上占篇幅最大的，是颇受争议的、对宗教持怀疑态度的博林布罗克（Bolingbroke）勋爵，他对基督教的质疑和对政治腐败的反对引起了杰弗逊的共鸣。

1771 年 8 月，杰弗逊给了罗伯特·斯基普威思（Robert Skipwith）（他的姻亲之一）一份书单，称绅士的藏书室应该包括这些书，这份书单也反映了杰弗逊自己的阅读喜好。他推荐了启蒙运动的一些重要作者，如洛克、休谟、博林布罗克、孟德斯鸠，并且倡导威思曾经教导他的广泛和深刻的阅读习惯。但是，他却并未公开自己对宗教的大胆思考。他同时代的人很少有人知道他脑子里藏有什么想法。

也是在这个时候，杰弗逊准备自立门户。作为彼得·杰弗逊的长子，他继承了父亲的大部分房产，包括在他的出生地沙德维尔的房屋，他曾与母亲和姐妹们一起住在那里。杰弗逊没有解释过自己单独住的原因，但首先，我们知道其他种植园主也这么做过。很多种植园主建了好几栋房屋，每一栋都是其所在种植园的中心；如果他们要出售一处种植园，带有现成房屋的也会更加容易出售。另外一个原因，他可能想试验一下自己初具雏形的建筑理念。正是通过学习 16 世纪意大利建筑家安德烈亚·帕拉第奥（Andrea Palladio），促使他形成了这些理念。

杰弗逊选择了离沙德维尔 4 英里处的一处低矮山丘作为房屋建址。他平整了山顶，开始计划建筑一栋名为蒙蒂塞洛的住宅，名字源于意大利语的"小山"。1770 年 2 月，沙德维尔的一场火灾毁坏了杰弗逊的第一个藏书室以及他精心搜集的法律文件和论文，但同时，这场事故也增强了他建造蒙蒂塞洛的决心。建造蒙蒂塞洛成了杰弗逊主要的生活乐趣之一，让他十分爱好和痴迷。

杰弗逊建造蒙蒂塞洛，可能还考虑到了未来娶妻的原因。杰弗逊年轻、富有、英俊、出身名门，是一位十分适婚的单身汉。在弗吉尼亚，就像英格兰一样，单身绅士或女士都是经过一个十分复杂正式的追求过程来挑选出自己的另一半。这个过程主要是为了联结两者的财富和地产，以改进相互的社会和经济地位。杰弗逊知道这个道理，但同时他又对女性持非常浪漫的观点。读大学的时候，他追求过当地的美女丽贝卡·伯韦尔（Rebecca Burwell），但她拒绝了杰弗逊，后来嫁给了杰弗逊的朋友杰奎林·安伯（Jacquelin Amber）。杰弗逊在写给朋友的信件中思忖着被拒一事，信中既有拙劣的幽默，又有大量自怜的成分，他还通过拉小提琴来安慰自己。18 世纪 60 年代晚期，他进入律师界后，友善地帮助了种植园主邻居约翰·沃克（John Walker）。但可惜的是，他同样对沃克的妻子产生了强烈的热情；像他后来承认的，他试图引诱她，但遭到断然拒绝。（杰弗逊笨拙的殷勤四十年后让他苦恼不已。）

最后，他找到了相互适合的人——玛莎·韦莱斯·斯凯尔顿（Martha Wayles Skelton）。玛莎是弗吉尼亚最富有的女性之一，丈夫于前不久去世。杰弗逊和玛莎于 1772 年 1 月 1 日结婚，婚礼由约翰·韦莱斯主办（John Wayles）。约翰·韦莱斯是玛莎的父亲，还是一名种植园主、律师和奴隶贩子。当时杰弗逊 28 岁，玛莎 23 岁。两周之后，这对新婚夫妇启程返回蒙蒂塞洛。途中他们遭遇了当地最为严重的暴风雪，道路危险难行。最终他们抵达了目的地。但是，当时的蒙蒂塞洛除了一间屋子可以居住，还只是一个建筑工地，而这间房屋就是蒙蒂塞洛现在的"南楼"所在。

玛莎·杰弗逊没有留下画像，但我们知道她身材不高，看起来有些纤弱，以美貌和才华闻名。她像杰弗逊一样热爱音乐。据传，有一回玛莎弹奏羽管键琴时，杰弗逊在一旁拉小提琴，其他的求婚者看到这场二重奏时，便确定杰弗逊赢了。除了音乐，玛莎很能持家，并且在阅读上与杰弗逊的品位也有共同之处［他们都喜欢劳伦斯·斯特恩（Laurence Sterne）的喜剧小说《项狄传》（*Tristram Shandy*）］，但她不喜欢杰弗逊从政，更喜欢他待在家里。

1772 年杰弗逊结婚的时候，他的生活方式已经备受争议。大多数弗吉尼亚的种植园主种植烟草，但作物很难成活，并且泥土中营养物质的流失十分惊人。为了应对贫瘠的农田，种植园主在各个种植园轮流种植，好让土壤自我恢复。所以，知名的种植园主通过买卖、继承或婚姻的方式，都拥有好几处种植园。为了寻求好的土地，他们放眼西部，扩充自己的财产或在买卖土地中进行投机。

弗吉尼亚的种植园主和农场主面临着一个更加不妙的负担——债务。一直以来，靠农耕来谋生是比较困难的。弗吉尼亚的种植园主和农场主不仅借钱买来土地和种子以种植他们赖以生存的作物，还需要雇用监工和购买奴隶。虽然奴隶们不领薪水，但他们的食宿衣着需要主人负责。大的种植园主和小农场主一样，也觉得农耕十分困难和冒险。他们要不断地观察天气、土地情况以及作物在市场上的售价。他们害怕价格回落，因为这样一来，他们能用于偿还债务的钱就会减少。

被债务所困扰的种植园主和农场主们，在账册上小心地记下每一笔债务出入。这样的"书本账"通常可以取代现金。比如，一位种植园主会给出一张条子（一个书面的付款承诺）来交换他想购买的物品，便条上会列出他所欠金额、日期、应支付的利率以及偿还日期。接收人则会把便条记入账册，这样他或他的继承人便知道对方的欠款情况，也能够及时收回欠款。有时，一个种植园主会把另一个种植园主欠他的钱，签字让与第三方种植园主或商人，以偿还他自己欠下的款项。这样的交易会纠缠在一起，持续好多年。

由于这种复杂的债务网络，殖民地时期的种植园主们相互联系在了一起，他们和商人之间——不管是在威廉斯堡、巴尔的摩、费城还是伦敦的商人——也互相有了联系。虽然种植园主会记下债务出入，但债务总体上仍在累积。身为种植园主，他们又必须维持门面——尤其花钱时要表现得大大方方。因此，他们在宴请时，客人往往多达二三十个，菜式丰富，酒品上乘；每次还会留宿访客几天甚至几周的时间；并且他们还从欧洲买来最好的服装、家具、猎狗和火器。比如，新婚的杰弗逊就让他伦敦的代理为玛莎买来最好的钢琴，他还会定期购买其他的奢侈品——布料、书籍、红酒、乐谱、乐器、家具甚至是马车——都是以赊账的方式，每一次支出都成为一项债务。

被债务所困扰的弗吉尼亚种植园主，经常把自己比喻为困在蜘蛛网上的苍蝇，虽然这些网大部分为他们自己所编造。他们认为，因为自己的绅士身份，他们所说的话就足以保证会偿还债务。如果有商人和放债人催债的话，他们会十分恼怒，因为这意味着对方不相信自己的偿还能力。

杰弗逊很好地代表了他所处的那个时代和社会地位。他一成年就开始了奢华的生活，这种方式持续了一生，债务也日渐累积。1773 年，他的岳父约翰·韦莱斯去世，给女儿玛莎留下了大量土地，而按照弗吉尼亚法律，这些土地实际上归玛莎的丈夫杰弗逊所有。韦莱斯还拥有许多奴隶，因此杰弗逊成为弗吉尼亚拥有奴隶数最多的人之一。[奴隶中有一个叫贝蒂·

赫明斯（Betty Hemings），韦莱斯与其有过性关系并育有至少一名女儿——萨莉·赫明斯，与玛莎·韦莱斯·杰弗逊是同父异母的姐妹。] 但是，韦莱斯用了大量土地为他的债务担保。当他借钱时，他用土地作为抵押，这样，放债人要么以后会得到还款，要么就会将承诺好的土地占为己有。

RUN away from the subscriber in *Albemarle*, a Mulatto slave called *Sandy*, about 35 years of age, his stature is rather low, inclining to corpulence, and his complexion light; he is a shoemaker by trade, in which he uses his left hand principally, can do coarse carpenters work, and is something of a horse jockey; he is greatly addicted to drink, and when drunk is insolent and disorderly, in his conversation he swears much, and in his behaviour is artful and knavish. He took with him a white horse, much scarred with traces, of which it is expected he will endeavour to dispose; he also carried his shoemakers tools, and will probably endeavour to get employment that way. Whoever conveys the said slave to me, in *Albemarle*, shall have 40 s. reward, if taken up within the county, 4 l. if elsewhere within the colony, and 10 l. if in any other colony, from

THOMAS JEFFERSON.

1769 年 9 月 14 日，托马斯·杰弗逊在《弗吉尼亚州公报》上刊登了一则广告，以寻求帮助来找回一名逃跑的奴隶桑迪。像这类广告中通常所做的，杰弗逊详细描述了桑迪的外貌、习惯、能力及明显特征

因此，杰弗逊与韦莱斯的其他几位继承人面临着一个共同的问题：他们是应该先偿还地产相关的欠债，再拿走留下的地产，还是应该先拿走土地及其相关负债，寄希望于以后可以耕种或出售土地并挣到足够的钱来还债？最终，他们作了折中，出售了一部分土地并保留了余下的。

问题在于，如果把土地和债务一起接收的话，继承者的整个财富都会笼罩在约翰·韦莱斯去世前的欠债之下。债务的性质也改变了。在此之前，债务和土地捆绑在一起，像抵押贷款一样。之后，债务成为土地所有人的个人义务，等到要还债时，那个人的所有资产都将被置于风险之下。

作为律师，杰弗逊本应该知道自己的经济前景会因此遭受风险，但就像他一贯做的那样，他希望能找到方法还债，对未来也有信心。但不幸的是，未来却粉碎了他的希望。从此次开始，他以后的很多决定使他负债越来越多，在半个多世纪后他去世之时还让他不堪其扰。

即使在正常时期，弗吉尼亚的精英们也被债务问题笼罩，他们与英国债主之间的关系不断恶化。但是，在 18 世纪 60 年代和 70 年代，随着殖民地和英国之间的争论越来越多，弗吉尼亚和伦敦之间的债务网络中断了。事情的进展带来的政治、法律、社会和经济力量，将促使杰弗逊登上重要的历史舞台，但同时也将对杰弗逊等人的社会和经济领导地位发起新的攻击。

第二章

"我们坚持这些真理……"
(1763—1776 年)

1763 年，20 岁的托马斯·杰弗逊是英国国王乔治三世的得意臣民。但国王从未想过，杰弗逊 33 岁时，会在英属美洲帝国的独立进程中发挥重大作用。是美国革命令杰弗逊发生了转变。革命不仅让杰弗逊有了奋斗的目标，也让他充满使命感——他可以不仅仅是一名政客，还有可能成为一名政治家。革命也给予了他在政治和思想上最初的灵感，并让他声名鹊起。

1768 年，杰弗逊当选为弗吉尼亚城镇自治议会的一员，他加入帕特里克·亨利和乔治·华盛顿（George Washington）等思想激进的议员的行列，反对支持皇室总督的议员。弗吉尼亚的政局与其他殖民地类似。虽然每个殖民地都有独特的问题，政治的发展却遵循着一个普遍模式，即从英国派来统治殖民地（及其结盟地区）的官员与寻求自治的殖民者处于相互对抗的局面。

在弗吉尼亚，富有的种植园主构成了统治阶层。种植园主把他们在政治上的领导权看作生来就有的权利，因此他们把立法资格看成自己的个人财产。有时，并不出身统治阶层的人也可能获得权力。比如帕特里克·亨利就利用自己的演讲天赋成功进入律师界并在城镇自治议会赢得一席。亨利才华出众，其精彩的辩词往往能左右陪审团的决定；他也试图师从乔治·威思学习法律，却又十分看不起阅读和做研究这样的苦差事。杰弗逊钦佩亨利的口才，但也看不起他。1812 年，杰弗逊向传记作家威廉·沃特（William Wirt）追忆亨利时，是这样概括他的："他处理普通事务的效率极其低下。以文风得体、观念正确的标准来判断，他在最简单的主题上起草的议案经不住任何法律或一般性批判。他脑子里的观点毫无准确可言。"

幸运的是，对杰弗逊来说，即便口才不好，也能赢得城镇自治议会的尊重。他一生都讨厌公共演讲；他的声音也不适合从事演讲，在一大群人面前他会感到羞怯，因此任何演讲对他而言都是考验。相反，他因为工作勤勉、机敏老练、精通议会程序及优美的文笔，获得了同行的尊重。杰弗逊起草法律和决议的能力是极其优秀的，他能够把一大堆法律用语凝练成有力而优美的散文。

在殖民地和大不列颠长年不断且愈演愈烈的冲突中，杰弗逊的文学才能让他获得了一个重要角色。1763 年，当七年战争（在美洲被称为法国和印度之间的战争）结束时，乔治三世的臣民中，就数北美十三个殖民地最为衷心。美洲人民为自己是全球最自由帝国的臣民而自豪，并把"我是一名生来自由的英国人"的口号视为荣誉的标志。（大部分人忽视了其中的讽刺意义，即生来自由的英国人却通常拥有或买卖奴隶。）

1763 年后，一场金融危机第一次对英帝国的内部和平造成了威胁。与法国交战并取胜，已经让英国负债累累，英国人民对于通过征税来还债怨声载道。议会觉得，这些战争大都是为了保护英属殖民地，因此从中获益的人也应该肩负起一定的还债义务。由此，议会开始对美洲人民征税。1765 年，议会颁布并由乔治三世通过了第一类税法，即针对印刷品及纸制品的《印花税法案》（the Stamp Act）。合同、报纸、法庭文件甚至成叠卡片上，都必须附上一枚标志着已经付完款的印花。议会和国王希望，由此获得的收入会有助于减少英国的战争欠款。

《印花税法案》给殖民地强加的税收与英国本地的一样，但很多殖民者对此十分厌恶，原因不仅仅是他们不想纳税。在他们看来，这是一个原则问题。因为殖民者不能选举英国下议院议员，所以他们认为，英国议会不能为了从殖民地增加收入而颁布税法。只有殖民地议会可以这么做，因为美洲人民在议会中被直接代表。许多殖民者承认英国有权力管制殖民地和欧洲之间的贸易，同样也可以出于更好地管制贸易的需要而征税。但他们坚称，如果人民在英国议会没有实际代表权，议会便不能对他们征税以获取收入。他们认为这类税种违反了英国宪法赋予他们的权利，即只有由选民自己真正选举出的议会，才可以对他们征税。这个论点成为"无代表权不得征税"口号的基础。

但是，英国政客和作家对代表权的理解却与殖民者的观点相左。他们认为，所有英国臣民，不论身处帝国的哪方土地并不论是否选举了下议院的议员，在英国议会都有代表权。原因是议员代表的不仅是自己选民的利益，还有整个帝国的利益。这种虚拟代表学说使美洲人民所要求的真实意义上的代表权显得毫无意义了。

与英国的争论不仅仅是关于代表权的争论。对《印花税法案》的抗议在殖民地引起了轩然大波。闹事者对印花发放者大打出手并不断骚扰，还烧掉了令人生厌的印花。帕特里克·亨利在弗吉尼亚城镇自治议会一次演讲中愤慨地说道："恺撒有布鲁图①，国王查理一世有克伦威尔②，乔治也许会从这些例子中获益……"年轻的杰弗逊站在大厅倾听亨利的演说，赞叹不已，就像他后来在自传中写道："亨利先生公共演说的才能……确实十分了不起，我从未在别处听过这样的演讲。听他演讲就像读荷马的著作一样。"

---

① 布鲁图（公元前 85—公元前 42 年）：罗马政治家，刺杀恺撒的主谋，后被恺撒的支持者安东尼和屋大维打败，战败后自杀。——译者

② 克伦威尔（1599—1658 年）：英国军人、政治家，内战时率领国会军战胜王党军队，处死国王查理一世，成立共和国，任英格兰、苏格兰和爱尔兰护国公。——译者

随着不满的情绪蔓延到整个英属北美大陆，殖民地政客开始了跨殖民地活动。1765 年 10 月，除佐治亚之外的所有殖民地的代表在纽约召开了第一次跨殖民地会议，即抗议《印花税法案》会议，以统筹北美对英国政策的反抗运动。会议通过了一系列反抗的决议，并赞同抵制英国商品。

英国政府可以做到对这些决议置之不理，但十分渴望与美洲进行贸易的英国商人却无法对这些抵制行为坐视不管。1766 年，英国议会废止了《印花税法案》。但同时颁布了《宣示法案》（the Declaratory Act），声明议会"在任何情况下"都有权给殖民地立法。殖民者不久便知道了议会的意图。18 世纪 60 年代末，英国议会批准了更多的税法，征税一直延续下来。殖民地商人为了避税，绕过海关偷运商品，顽强地与英国当局进行较量。同时，像杰弗逊这样的精明的律师和政客也密切注意着母国和殖民地之间的争端和冲突。

在波士顿，这座马萨诸塞的首府及仅次于费城的英属北美第二大城市，发生了最激烈的冲突。波士顿街头爆发了种种骚乱，加上偷运货品带动的经济繁荣，国王的使臣开始坐立不安，派遣了几个团的英军（绰号为"英国兵"或"红外套英国兵"①）进驻波士顿，以维持和平。但是，使用常备军来监视平民的行为违反了美洲人民所理解的英国自由的原则。

---

① "红外套英国兵"：因其所穿红制服得名。——译者

新英格兰地区之外的许多殖民地对英国和马萨诸塞之间的争端颇有微词。有些人说,波士顿的斗争不是宾夕法尼亚、纽约或北卡罗来纳的斗争。大部分殖民者觉得自己与母国的关系比与相邻殖民地的关系更加紧密;十三个殖民地在经济、宗教,甚至是方言和口音上差异颇大,因此相互之间带有怀疑及不信任的态度。

相比之下,杰弗逊却觉得,尽管美洲殖民地之间存在差异,但他们之间也有共同利益,并且后者的重要性丝毫不亚于前者。他坚持认为所有的殖民者都是生而自由的英国人,他们拥有与在大不列颠本土出生的人一样的权利。他为自己英国臣民的身份感到自豪,从反面来说,这正是他思想激进的表现。他觉得做一名弗吉尼亚绅士与做一名土生土长的英国人同样美好,并且享有同样的权利。杰弗逊因此成为美洲事业早期的支持者之一。面对波士顿和伦敦之间不断恶化的关系,他密切地关注着,并且表现出审慎的担忧。

1773 年春天,杰弗逊和弗吉尼亚城镇自治议会的其他成员制定了一个方案,以巩固美洲殖民地之间的关系。他们提议成立一个由政治人物组成的"通讯委员会",成员们通过写信给其他殖民地政见相同的人士交流思想、传播新闻以及统筹反抗英国殖民政策的战略战术。这个想法是理查德·亨利·李(Richard Henry Lee)偶然想到的,由杰弗逊拟成决议。杰弗逊儿时的伙伴达布尼·卡尔(Dabney Carr)发表演讲,把决议提交给议会，热烈讨论之后得以通过。委员会由十人组成，卡尔、李和杰弗逊都被提名入选。

卡尔和杰弗逊之间的同盟关系渊源很深。他们小时候便是亲密的伙伴，卡尔更是娶了杰弗逊喜爱的妹妹玛莎为妻。政治上的合作和私人的关系似乎注定了他们要成就一番大事业，但1773 年 5 月 16 日，卡尔却因突发高烧去世了，当时离他 30 岁生日还有 5 个月。两人还是学童时，就经常在一棵大橡树下一起学习，橡树所在的那一片地之后盖成了蒙蒂塞洛；他们还曾经约定先去世的那个人要安葬在这棵橡树下。如今，悲痛的杰弗逊把卡尔安葬在此，这也成为他日后为自己和家人建造的家族墓园中的第一个坟墓。从那以后，杰弗逊总是说卡尔要远比他自己有才能得多，卡尔的去世对弗吉尼亚和整个北美都是一场灾难。

但是，杰弗逊必须暂时忘记对朋友的哀痛，继续捍卫美国的自由事业。1773 年，英国国王的使臣想出一个计划，希望可以借此一箭三雕：既可以平息殖民者（北美人民）对纳税负担的愤怒，也可以帮助强大却已陷入金融困难的东印度公司（东印度公司控制着英国在印度的殖民地贸易，许多英国的领袖人物在印度都拥有大量的投资），还可以增加美洲的税收。首先，英国议会撤销了对美洲的所有课税，唯独保留了三便士的茶税。然后英国官员与东印度公司一起合作，处置大量剩余的印度茶叶。

这年秋天，几艘船驶向北美的港口，船舱里堆满了廉价的茶叶。英国官员们推断，既然茶叶的售价如此低廉，并且是含税价格，殖民者们一定会全部买下来。这样，英国政府不仅可以获得一笔钱财，东印度公司也可以处置掉剩余的货物。但无论如何，他们都错了。

当这些运送茶叶的船只抵达美洲时，有些港口允许船只靠岸但拒收茶叶，另一些港口则干脆不让船只靠岸。驶往波士顿的三艘船只的船长决定，既然别无选择，便先靠岸再做等待；提心吊胆的海关官员也不清楚该怎么做。波士顿人便不假思索地做出了自己的决定。

1773 年 12 月 16 日晚，由塞缪尔·亚当斯（Samuel Adams）等人领导的抵抗组织"自由之子"的成员们伪装成印第安武士来到波士顿港。他们闯入商船，把 342 箱茶叶倒入大海。袭击者之中有一名锁匠，他砸开货舱之后又重新把锁修理好，以表明"暴民们"对财产权是尊重的，而他们反对的只是不合理的茶叶税。当有人趁机把茶叶塞入口袋占为己有时，袭击者发现后便把茶叶倒入水中，剥光他的衣服，让他在严寒中走回家去。

1774 年初，"波士顿倾茶事件"的消息传到伦敦，英国议会和国王被这场他们所谓的暴民破坏财产的举动震怒，因此颁布了一系列处罚波士顿和马萨诸塞的法令。首先，他们撤销了殖民地宪章，即国王授权殖民地政府的文件，还强迫马萨诸塞

保罗·里维尔（Paul Revere）的雕版画《波士顿大屠杀》刻画了
殖民者眼中英国士兵的残暴。大屠杀激怒了杰弗逊以及马萨诸塞
之外的许多北美人士

接受一个军事政府。另外，他们关闭了波士顿港，直到在港口
销毁的茶叶得到全部赔偿为止。

很多殖民者指责这些《不可容忍法令》（Intolerable Acts）
使马萨诸塞人民无法享受与英国人同等的权利，并且，马萨诸
塞的遭遇同样会发生在纽约、佐治亚或者弗吉尼亚。因此，美
洲的政治领袖们同意，殖民者必须制定出对抗这些专制措施的

政策。

弗吉尼亚率先组织起抵抗运动，杰弗逊在其中发挥了关键作用。城镇自治议会起草了谴责《不可容忍法令》的决议，但总督邓莫尔（Dunmore）勋爵却不予支持。作为回应，杰弗逊和同事们想出了一个妙招。他们起草了一项决议，提议为支持马萨诸塞而进行一天宵禁和祈祷；然后他们说服了同事罗伯特·凯特·尼古拉斯（Robert Cater Nicholas），一位极正派的保守人士，提出此项议案并得以轻松通过。

就像杰弗逊回忆的那样，宵禁和祈祷加强了弗吉尼亚与马萨诸塞人民之间的情谊，也让他们更加投入美洲事业中去。但此举激怒了总督邓莫尔，弗吉尼亚代表大会被解散。城镇自治议会便沿着威廉斯堡的主街——格洛斯特公爵街，从立法大楼步行至阿波罗酒店，在那里通过了一项决议，呼吁成立大陆会议，以集合所有殖民地的代表统筹反抗英国的行动。会议所在地设为费城，即英属北美的最大城市，也是方便各殖民地代表会面的中心地点。距 1765 年抗议《印花税法案》会议召开 9 年后，大陆会议成为代表们的首次集会。

杰弗逊起草了一系列规则，以统一弗吉尼亚代表的行动。但一些同事认为这些规则太过激进因此拒绝通过。但是，杰弗逊的朋友们却被稿件的文采和说服力所吸引，并把它印成手册，手册流传至伦敦又得到了重印。杰弗逊的第一部政治作品《英属美洲民权概观》（A Summary View of the Rights of

British America）（简称《概观》）体现了他对英国与殖民地之间宪法争端的全面掌握、对美国立场的坚持以及他精湛的文风。

杰弗逊认为，殖民者及其祖先选择在美洲定居，并在没有得到母国帮助的情况下创建了殖民地，因此，他们有权享有英国臣民的权利，并且，殖民者和他们的后代也应该享有生而自由的英国人拥有的所有权利。（对比之下，英国当局声称英国已经征服了北美。未成文的英国宪法规定，征服意味着被征服领土的居民只能拥有征服者选择认可的权利。）所有的英国人只有被议会直接代表，英国议会才有权对其征税。因此，英国议会立法及征税之权仅仅局限在大不列颠，而不是拥有自己议会的美洲殖民地。杰弗逊总结说，事实上，美洲人民与居住在英国的人们唯一的共同之处在于都忠于国王乔治三世。

基于杰弗逊对英国历史理想化的观点，《概观》对殖民者的权利做了另一番阐述。在杰弗逊看来，古老的盎格鲁-撒克逊民族一直都秉承着自由的原则进行自治。虽然诺尔曼人于1066年征服了英国，他们也学会了依循这些原则治理国家。而正是由于殖民者恪守这些永恒的准则，所以他们才是盎格鲁-撒克逊的宪法自由传统的真正继承人。杰弗逊还进一步指责说，英国对殖民者自由的限制是专制而不公平的。

在手册结尾，杰弗逊以一段富有感染力的文字，要求国王

尽到宪法责任:

> （美洲人民）知道，也因此会说，国王是人民的奴仆，而不是人民的所有者。陛下，放开您的心胸，来迎接自由和更为开放的观念吧。不要让乔治三世这个名字成为历史的污点。您身边有很多英国大臣，但请记住他们也是党派人士。您没有处理美洲事务的使臣，因为您从未在我们之中委派任何一人……因此，您有必要为您自己及您的人民思考并采取行动。是与非的伟大准则是显而易见的；要追求这些准则，并不需要这么多大臣相助。治国的艺术在于要保持诚实的本性。只有力求尽到自己的职责，在您失败时人们才会给您记上应有的功劳。

《概观》发表后，许多反对政府政策的英美人士对杰弗逊十分崇拜，他作为美洲事业倡导者的名气大增。但在英国，他对国王的指责在国王心里留下了永远的痛苦，英国大臣们也开始把杰弗逊视为敌人。

1774 年秋，第一届大陆会议召开，会议通过的一系列决议重新阐明了美洲的立场。更重要的是，会议发起了对英国商品的抵制运动。各个殖民地的委员会都承诺要予以执行，他们结成"联盟"，共同反抗英国并开始减少与英国的贸易。

第一届大陆会议的成功让代表们计划在 1775 年 5 月再次召开会议。但是事情的进展比他们预想的要快。1775 年 4 月 19 日，离第二届大陆会议在费城召开还有 4 周时，英国士兵和马萨诸塞的民兵在列克星敦①爆发了小规模战斗，随后发生了康科德②战役。英军从康科德撤退到波士顿的过程中，连续受到愤怒的民兵开枪袭扰，双方持续作战、攻势猛烈。英美之间的争端已经从口水战升级为军事战争。

第二届大陆会议对马萨诸塞发生的流血冲突感到十分震惊，决定创立大陆军，由乔治·华盛顿任总指挥官。但当华盛顿开始接管驻扎在波士顿外的部队时，大陆会议和殖民者们对下一步的行动却犹豫不决。独立问题第一次引起了争论。

有一些代表——主要是新英格兰人，以及弗吉尼亚人（如华盛顿、杰弗逊、帕特里克·亨利和理查德·亨利·李）——坚持认为英国的武力行径已经切断了母国与其殖民地的联系，所以美洲人民应该拥护独立并为之而战。另一些代表——大部分来自纽约、宾夕法尼亚和卡罗来纳——认为大陆军应战的目的只是捍卫殖民者享有作为英国人的自由，抵抗会让英国议会和大臣颜面尽失，乔治三世必定会从中调停，因此，任何意在获得独立的行为对美洲和大英帝国来说都会是一场灾难。

为什么独立问题会充满争议？早在 1765 年，人们就对英国的统治开始怨声载道，但殖民者一直坚称——就像杰弗逊在《概观》中所表示的——他们只是捍卫英国自由原则的忠实的

---

① 列克星敦：美国马萨诸塞州东北部城镇，传统上被认为是美国独立战争第一次战事的发生地。——译者

② 康科德：美国马萨诸塞州东部城镇。——译者

英帝国臣民,对独立并不感兴趣。宣告独立不仅是叛国行为会被处以死刑,同时也意味着美洲人民放弃他们所珍视的作为生而自由的英国人的地位——他们并不想这么做。并且,在古希腊之后,任何一个殖民地为自由而战都没有取胜过。然而,英国议会和大臣们却不相信殖民者还想存留在帝国之内。相反,他们认定一群叛国的恶毒政客正在煽动叛乱,图谋独立且仅为一己之私。

从本质上说,这场冲突是围绕未成文英国宪法的本质和原则的争端——并且无法裁断谁是谁非。双方对宪法的解释各执一词,立场十分坚定。追根溯源,这两种解释受到了造成 17 世纪英格兰解体的法律、政治和军事斗争的影响。

英国人声称议会在英国体制中是至高无上的,由于议会势力战胜了斯图亚特王朝国王查理一世和詹姆斯二世,其地位在 1689 年的《权利法案》中就已经确立。而美洲人则称在英国体制中没有任何机构拥有至上的权力。相反,英国宪法强行限制"专断"(未加限制)的权力;即平衡国王和议会上下两院,通过限制三方权力,保护所有英国人的权益及臣民的自由。而问题在于,这个体制对美洲人民的考虑却一直含糊不清。

所有美洲人民都希望乔治三世是一名公正的"爱国之君",可以调停他们与议会的争端以保护所有臣民的利益。事实上,杰弗逊在《概观》的结尾就做出了这样的呼吁。1775 年 7 月 5 日,第二届大陆会议最后一次向国王请愿,包括杰弗逊在内的所有会议代表都签字请求他进行干预。但乔治三世却对美洲的立场表示反对。

1775 年夏天，国王的耐心告罄。他拒绝了"橄榄枝请愿书"（Olive Branch Petition），并于 1775 年 8 月 23 日颁布了一项声明，谴责"王国之内邪恶危险人物的通信、劝告及安抚等卖国行为"，并下令"所有军事和民政官员及忠顺的臣民，要尽最大努力抵抗和镇压这场叛乱，揭露所有叛国罪行和阴谋，让民众知道他们是在同我们及我们的王位和尊严作对……"

乔治三世也许希望这份声明和他的士兵能让殖民者不敢作乱，但结果却适得其反。美洲人民被激怒了，他们不再认为乔治三世是他们曾经尊敬过的好国王。并且，乔治三世证明了，在英国宪法体制内不存在公认的仲裁人可以让母国和殖民者达成和解。国王的言行让他成为美洲人民的众矢之的，美洲人民也因此在一条他们本不愿踏足的道路上渐行渐远——这就是独立的道路。

这年秋天，越来越多的殖民者意识到，如果他们愿意对乔治三世效忠，就不能留在自己的出生地。其中一个例子就是约翰·伦道夫（John Randolph），他是杰弗逊的表兄，在弗吉尼亚担任国王的总检察长。早在 1771 年，由帕特里克·亨利起草，七位朋友（威思和亨利也包括在内）作证，伦道夫和杰弗逊就一把小提琴做出了友好约定。小提琴为伦道夫所有，但杰弗逊垂涎已久。两人约定，如果伦道夫先于杰弗逊去世，他名下财产之中的小提琴和乐谱会归杰弗逊所有；而如果杰弗逊先去世，由他挑选出的价值一百英镑的书籍归伦道夫所有。

现在，伦道夫去往英国的决定意味着他十分需要钱，他告诉杰弗逊他愿意卖出那把小提琴。杰弗逊付给伦道夫 13 英镑，买下了小提琴，直到他在 1786 年的一次事故中摔伤了手腕，这把琴才搁置不用。伦道夫到达英国后，两人依然保持着通信，但是他们的分别——以及他们下过赌注的小提琴的命运——却反映了英国和美洲之间不断扩大的裂痕。

到 1776 年 1 月，美洲人民开始相信，独立是合法且必要的。当月出版的传单《常识》（*Common Sense*）适逢其时，加深了人们的信念。《常识》由记者托马斯·潘恩（Thomas Paine）写成，是对自由强有力的证词。潘恩在书中针对乔治三世及王权发起攻击，坚称君主制是不合理的，任何国王都无权要求一位自由的民众对他效忠；这个论点进一步割断了联结美洲与英国之间的最后纽带。潘恩还主张美洲有权信奉自由，并且也有能力和资源实现自由；对于许多美洲人仍然害怕宣称独立所招致的风险，潘恩的回应无疑一语中的。

1776 年春天，随着英国军队和大陆军在纽约即将开战，美洲人民也做好了宣称独立的准备。皇家官员逃跑，自封的地方议会和代表大会接管了政府工作并通过了反对英国权威和要求独立的决议。同时，这些机构意识到选民们需要一个合法政府，因此向第二届大陆会议寻求指导和帮助。1776 年 5 月 15

日，经过几个月的辩论，会议通过了一项决议（由马萨诸塞的约翰·亚当斯写成），呼吁殖民地构建新的政府形式，把原有政府的失职归咎于乔治三世。会议开始与民意的大潮步调一致。直面独立问题，只是迟早的事。

在弗吉尼亚，杰弗逊一直密切关注着这场显露的危机，但由于他母亲突然去世，加上邓莫尔勋爵的出逃使弗吉尼亚代表大会难以稳住地方政府，杰弗逊不得不忙于处理，以致几乎错过了参加第二届大陆会议的机会。之后，他一到达费城，便开始弥补错过的时间。

这位新来的代表与本杰明·富兰克林（Benjamin Franklin）和约翰·亚当斯成了好朋友。富兰克林当时已是一名蜚声国际的美洲人士，他作为印刷商、作家、科学家、发明家、政客及慈善家的才能是人们望尘莫及的。富兰克林在伦敦从事了将近 20 年的游说工作。1775 年，69 岁的他回到费城成为第二届大陆会议的一名代表。有些美洲人怀疑他在海外的岁月让他对英国过于同情。但是，他们都错了。

富兰克林越来越厌恶英国的目光短浅与势利，并且因为英国政府对其公开羞辱而怒不可遏。因此，他回到美洲，坚定地加入了第二届大陆会议的激进阵营。由于他和杰弗逊政见一致，且都对科学等领域感兴趣，他们很快成为相互欣赏的朋友。杰弗逊一生都十分敬重富兰克林，并细心地记录下这位兄长机智、幽默和友善的趣闻轶事。

　　杰弗逊与约翰·亚当斯的关系较为复杂，因为他们几乎在每一方面都是对立的。亚当斯比杰弗逊大八岁，直言不讳的性格让他成为第二届大陆会议最受争议的代表之一；而机敏老练的杰弗逊却比较容易赢得同伴的尊重。亚当斯称得上一名中产的新英格兰人，杰弗逊是一名弗吉尼亚贵族。亚当斯中等身材，体型适中；杰弗逊身材修长，体型偏瘦。亚当斯是一名感染力强，能打动听众的演说家；杰弗逊却不喜欢显然也并不擅长公共演说。虽然同为所处时代里最出色的律师，亚当斯作为法庭辩护律师与他作为法学专家一样胜任，而杰弗逊却不喜欢法庭的嘈杂而偏爱清静地做点研究。亚当斯深受其祖先清教徒观念的影响，杰弗逊则更倾向于追求现世的意义而非来生。亚当斯经常深刻地批评反省自己，对自己和周围事物常常一笑置之，这种天性实属难能可贵；杰弗逊却更加文雅随和，缺乏幽默感，并很少怀疑自己。但是，尽管存在这些差异，也或许正是由于这些差异，两人几十年来都是很好的朋友（18 世纪 90 年代末到 1812年关系破裂）。在第二届大陆会议里，他们也是坚定的盟友。

　　独立成为第二届大陆会议的最主要议题。1776 年 6 月 7日，理查德·亨利·李提出了由弗吉尼亚代表大会制定的三项决议。第一项宣布："这些联合的殖民地是自由、独立的州，他们也有自由、独立的权利；他们与大不列颠的所有政治联系完全终止了，也应该终止。"第二项呼吁拟定十三殖民地"邦联和永久联盟条款"。第三项敦促会议派遣代表前往法国和其他欧洲强国寻求盟友。这些仅仅在一年前还看似十分危险的举动，现在会议却有理由相信美洲人民会对此表示接受和欢迎。

会议任命了三个委员会来商讨李提出的决议。第一个委员会负责草拟建立结盟的条款；第二个负责安排争取欧洲盟友的对外活动；第三个起草一份独立宣言。回顾从前，在与英国的宪政争论中，第一届和第二届大陆会议通过一系列的宣言不断地解释并捍卫美洲的立场，如今，独立宣言将为此画上句号。

在选择宣言起草委员会成员时，会议平衡了新英格兰、中部殖民地及南部地区。因为李要返回弗吉尼亚，会议便任命杰弗逊代替其位置；另外，会议也想发挥一下杰弗逊的才能。据亚当斯后来（在其自传中）表示，杰弗逊具有"巧妙的创作才华及精妙的语言表达能力"。作为独立的主要支持者的亚当斯，以及地位和外交经验出众的富兰克林，顺理成章入选；最后两个名额是康涅狄格富有影响力的人物罗杰·舍曼（Roger Sherman）（杰弗逊说他行事古怪但诚实公正），以及纽约的外交人士罗伯特·R. 利文斯顿（Robert R. Livingston）。

亚当斯在其写于 1805 年的自传中说，委员会任命他和杰弗逊组成一个分委员会，亚当斯则说服了杰弗逊起草宣言：

> 杰弗逊先生很想由我……来起草。我谢绝了并给出了几条原因。（1）他是弗吉尼亚人，我是马萨诸塞人。（2）他是南方人，我是北方人。（3）我早期对自由的热情和执着已经很让人不快，由我起草的话，会议研究评论起来定

会更加严厉。(4) 最后一点的理由也十分充足，我十分看好他优美的文笔，而我自叹不如……因此……几天之后他向我展示了宣言草稿……

对比之下，杰弗逊在 1823 年 8 月 20 日写给詹姆斯·麦迪逊的信中回忆说，委员会"一致要求我独自起草宣言"。杰弗逊认为是委员会说服了自己，他也许没错，但亚当斯回忆起他自己说服杰弗逊的理由，其中也无任何不符。

在接下来的 17 天里，杰弗逊把自己关在砌砖工人小雅各布·格拉夫（Jacob Graff Jr.）的家庭旅馆里，起草了《独立宣言》，他主要参照了自己撰写的《弗吉尼亚宪法草案》的序文。在工作时，他仍旧保持了记录每天的温度和天气情况的习惯，并且还抽出时间为妻子玛莎购置东西。之后他把草案展示给了委员会的其他成员。只有亚当斯和富兰克林做出了主要评论，杰弗逊再根据他们的建议修改，委员会于 1776 年 6 月 28日把草案提交给了大陆会议。

19 世纪 20 年代，美国独立 50 周年临近时，关于《独立宣言》的原创性及起草人的争论十分激烈。1825 年 5 月 8 日，在写给亨利·李的信件中，杰弗逊解释了自己的写作目的：

不是为了得出以前从未想过的新的原则或立场，也不是仅仅为表达以前从未说过的话，而是把这个主题的常识清楚而坚定地摆在人们面前，以博取他们赞同，并为我们自己被迫采取的独立立场正名。宣言并不是要提出原创的

杰弗逊《独立宣言》的这页原稿展示了他一贯工整的字迹、对书法效果和实际内容的关注及措辞上的力臻完美原则或观点，也没有抄袭任何一篇之前的具体文章，只是为了表达美国人民的思想，并且以一种当时所需的合适的口吻和精神表达出来。

《独立宣言》融合了启蒙时代的前沿思想和美洲宪政及立法的有力依据。比如，基于 17 世纪英国哲学家约翰·洛克提出的人类自然权利，宣言的前言部分阐明了围绕此论题的争论，以说明旨在反对君主制的革命权利的由来。杰弗逊还希望传达美国人实现自治的价值观。因此，《独立宣言》既是承上的，为美洲与英国之间的争论画上句号，又是启下的，书写了美国人进行政府实践的原则。1776 年，对乔治三世的指控引起了大多数美国人的极大关注，每一条指控都源于美国人对英国宪法的解读。

"所有的人生而平等"

杰弗逊把他起草《独立宣言》放在"我最想让人铭记"的三个成就之首。宣言的头几段阐明了美国这个新国家的核心准则。

在人类发展的进程中，当一个民族有必要解除与另一民族相连的政治关系，并在所有人类的权利中采取自然以及自然之神赋予的独立和平等的状态，本着充分尊重人类观念的精神，这个民族独立的原因应该得以公布。

> 我们认为以下这些真理是不言而喻的：所有的人生而平等；他们都被造物主赋予了不可剥夺的权利；其中包括生命权、自由权和追求幸福的权利；要保障这些权利，政府就必须建立，政府的权力应该来自人民手中；如果任何形式的政府破坏了这些目的，人民就有权利改变并废除它，建立新政府，以旨在保障人民安全和幸福的原则作为基础并管理政府权力。的确，长期存在的政府也不应轻易为不重要且过渡性的事业而转变；所有的经验也表明，人类更愿意在罪行可忍受的时候选择忍受，而不是通过废除他们习以为常的政府形式来纠正局面。但是，当权力长期被滥用和侵占，且为着同一目的时，即把人民置于绝对的专制统治之下，人民就有权利、有义务推翻这样的政府，为未来社会设立新的保障……
>
> 资料来源：Declaration of Independence，July 4，1776，in Merrill D. Peterson, ed. *Thomas Jefferson*：*Writings*. New York：Library of America，1987，pp. 19 - 24.

杰弗逊以自己的稿件为荣，但大陆会议觉得有必要进行修改。代表们对《独立宣言》做了大幅改进，使论点更加鲜明并直指乔治三世。国王本是美洲人民最后的申诉地，但他拒不接受请愿，还发动战争进行征服。他的这些举动违反了要公平对待所有臣民的加冕词，也切断了美洲人民和英国之间最后的联系。《独立宣言》必须把这一点表达清楚。因此，草案中有一段话谴责议会和英国人民不理会美洲的立场，虽然颇具说服力，但最终被大陆会议删减。

删除的段落中有一段内容最具争议，即杰弗逊把奴隶制和奴隶贸易归咎于乔治三世。杰弗逊为何指控不得而知，因为大部分会议代表都拥有奴隶，他们不愿限制奴隶制，更不想废除它。杰弗逊自己也拥有 100 多名奴隶；其中一名奴隶、贴身男仆鲍勃（Bob），当时就和他一起在费城。杰弗逊也清楚，几十年来，费城和其他殖民地都颁布了法律，准许奴隶制，保护奴隶主的财产并管理奴隶贸易。虽然法律公布之前需要得到英王的同意，但乔治三世对奴隶制并不负有主要责任。杰弗逊也许希望，在《独立宣言》里对奴隶制进行攻击，可以回应那些反对美洲事业、对奴隶主提出的自由要求加以嘲笑的英国人。但是，大陆会议觉得这段文字毫不相关并颇具危险性，是《独立宣言》独立立场的致命缺点，因此这段文字也被删掉了。

在杰弗逊看来，每一次内容的删减都是对自己的轻视。为安抚杰弗逊的受伤心理，富兰克林试着给他讲了个故事：一个年轻人从制帽匠那里学成出师，给自己的店铺拟了块招牌——"约翰·汤普森，制帽匠，制作和出售帽子"，旁边还附上一幅帽子的图片。为了在招牌上漆前确保文字得体，他展示给朋友们看。每一位朋友都建议要删掉一个字或一个词，直到最后只

约翰·特朗布尔（John Trmbull）所作的画《独立宣言》中，《独立宣言》起草委员会把草稿提交给第二届大陆会议。委员会的成员是（从左至右）：约翰·亚当斯、罗伯特·R. 利文斯顿、罗杰·舍曼、托马斯·杰弗逊和本杰明·富兰克林

剩下"约翰·汤普森"和帽子的图片。杰弗逊记录道，汤普森的事例教给了富兰克林"要养成一个习惯，即只要在我的能力范围内，一定要避免成为让公众机构审阅的文件的起草人"。

富兰克林的故事让杰弗逊为之一笑，他把这则故事与富兰克林的其他轶事记录在一起，但他愤怒的心情却没有就此平复。他给朋友们寄去了复印件，标注出大陆会议的改动，希望以此证明他的原稿比定稿更出色。1821 年，他写自传的时候，也附上了原稿以供后人评价。

　　大陆会议在两个方面做着努力，一是独立，二是用以宣布独立的文件。1776 年 7 月 2 日，会议通过了李的决议。两天后，7 月 4 日，会议通过了《独立宣言》。《独立宣言》的通过没有正式的签字仪式，只有会议主席约翰·汉考克（John Hancock）和会议秘书查尔斯·汤姆森（Charles Thomson）最先的签名。在之后一年多的时间里，其他代表陆续在文件上签了字。

　　1776 年，大陆会议很少有人（包括杰弗逊）能预见到《独立宣言》对于美国思想体系的关键作用。代表们强调的是宣告独立的决定，而不是用以解释为何独立的文件。事实上，直到 1784 年，杰弗逊作为《独立宣言》起草人的身份，才得以公开宣布。但随着各州制定新宪法，很多人开始认为这是《独立宣言》授予的权限。在这个年轻的国家取得独立之后，人们把《独立宣言》作为庆祝的焦点。到 19 世纪 20 年代，《独立宣言》已经成为美国原则的关键文件，直至今天它还保持着这种地位，其重要性甚至超过了《美国宪法》。因此，随着《独立宣言》成为美国政治纲领的核心言论，语调平和的杰弗逊作为起草人的身份也被世人所铭记。

第三章

艰苦的革命工作

(1776—1784 年)

第二届大陆会议宣布独立后，大陆会议以及它新组织的州政府便立刻接管了艰苦的革命工作。大陆会议需要学会成为这个新国家的中央政府机构，之前的殖民地也需要建立新式合理的政府形式，并向"自由、独立的州"转变。同时，在各州及国家的全新层面，美国人民也需要学习如何运作政治。

理想主义措施的制定和实施之间存在矛盾，对托马斯·杰弗逊而言，从中吸取教训并不轻松。他还面临着一个更大的挑战：在投身革命（及政治事业）和忠实于妻子及家庭之间取得平衡。过去的这些年，杰弗逊充分施展了其政治才能，却也受过羞辱，感到失望。带着这些伤痕，他放弃了政治，回归到家庭、种植园和书本当中。之后，经历过一次自身惨痛的打击后，他才重返公众的视线。

革命的时代是政府进行尝试的时代，核心是拟定各州新宪法。像约翰·亚当斯一样，杰弗逊也希望因此留名。1776年6月，杰弗逊准备起草《独立宣言》时，草拟了弗吉尼亚的新宪法。对此，他十分自豪，把稿件寄去了威廉斯堡，让乔治·威思签收。但威思到得太晚，代表们没有来得及用上这份稿件以构思新的州政府。可即便如此，杰弗逊所写的关于指控乔治三世和呼吁独立的那部分序言，代表们把它搬到了州宪法当中。

1776 年 9 月，杰弗逊离开大陆会议，回到弗吉尼亚。他一回来，便被选入弗吉尼亚议会的下议院（被重新命名为弗吉尼亚州代表议会），工作重心也从制定宪法转到了法律改革上。他作为一名出色律师的才能得以发挥，同时他也热忱地宣扬着革命理想。他认为，弗吉尼亚的法律是近两个世纪里成文法的大杂烩。大部分的法令已经过时，并且是在英王统治下弗吉尼亚旧殖民时代的产物，因此，对于在共和政府之下的自由民族，它们已不再适合。杰弗逊相信正是革命提供了一个宝贵机会，可以对实现公民的"幸福权"及良好社会的法律障碍进行改革或废止。

首先，杰弗逊关注的是限嗣继承条例。限嗣继承根源于英国法律，此条例赋予了财产所有者权力，要求只有他的直系子孙可以继承其土地。这样做的目的是把土地置于家族的掌控之中，增强贵族家庭的经济和社会地位。任何想取消限嗣继承要求的，都需要说服议会通过法律来"打破继承"，而这个程序十分昂贵又很耗时。杰弗逊认为财产所有者应该有权自由出售或遗赠土地，因此他说服了弗吉尼亚议会废止此条例。

接下来，杰弗逊提议弗吉尼亚拟定一套新的法律规范。为了完成这项美国法律改革的壮举，议会任命了一个五人的法律修订组。其中两名种植园主——乔治·梅森（George Mason）和托马斯·勒德韦尔·李（Thomas Ludwell Lee）——因为不是律师，所以最终没有资格参与。因此，工作落到了杰弗逊、乔治·威思和埃德蒙·彭德尔顿（Edmund Pendleton）身上。

威思和彭德尔顿是一对老冤家了，他们在法律上的冲突是传奇式的。威思和杰弗逊一样对法律改革抱有极大热情，而彭德尔顿更愿意坚持已有惯例。杰弗逊的主要目标之一是取消普通法的长嗣继承条例，但精通过去的土地法的彭德尔顿却十分重视此条例。长嗣继承规定，如果土地所有者没有立下遗嘱指定由谁继承财产，长子可获得所有财产。与限嗣继承一样，长嗣继承推动了地产家族的兴起，因此杰弗逊同样认定它在弗吉尼亚无立足之地。他认为，即使土地所有者去世前没有立下遗嘱，法律也应该把其财产平均分配给他所有的孩子。

彭德尔顿为挽救长嗣继承做着最后努力。他提议，长子分得的财产应是分给其他子女的两倍。而杰弗逊回应道，只有长子的饭量是其他子女的两倍时，这个规定才行得通。这番反驳刺痛了彭德尔顿的内心，他坦言败下阵来。杰弗逊关于废除长嗣继承的法案得以通过。

杰弗逊对法律改革十分用心。他提议修改弗吉尼亚法律，便最先体现了他建立良好社会及幸福高尚的共和国的愿景。首先，他强调要改革刑法。弗吉尼亚的法律不比英国的法律宽松多少，仅在 18 世纪就判决了三百个死刑案例。因此，在杰弗逊提出的《罪罚相当法案》（Bill for Proportioning Crimes and Punishment）中，他力图在各类罪行中取消死刑。

杰弗逊还想通过拟定新法律及修改旧法律来重整弗吉尼亚。比如，他希望建立一套细心规划的公共教育制度，在美国开创先河。他深信希望自治的公民应该受到教育，并在此基础上提出了《关于进一步普及知识的法案》（Bill for the More General Diffusion of Knowledge）。

首先，他提议把弗吉尼亚分成若干区，每个区设立一所小学，供所有男童上学。之后，每个区把小学里最有天资的一到两名毕业生送到上一级的县属学校，每所县属学校又选出最优秀的学生去大学就读，而大学不应与任何宗教或宗教团体有关系。虽然这项法案没有得到过议会支持，但杰弗逊一生都在反复地进行提议。

如革命理想与美国长存的奴隶制相矛盾一样，杰弗逊的法律改革也与他对奴隶制和种族的看法存在冲突。英国作家谴责美国人一方面蓄奴，另一方面又要求自由独立；英军将领们也向奴隶们承诺，如果他们从主人家出逃并加入反叛革命的队伍，便可以获得自由。（虽然英方出尔反尔，但也只是在战争结束之后才表现出来。）有些美国人，如乔治·华盛顿的助理、南卡罗来纳的约翰·劳伦斯（John Lauvens）上校，曾经敦促过各州采取相似政策以充实大陆军，但却白费了功夫。

杰弗逊对奴隶制的看法一直举棋不定。原则上他反对奴隶制，认为这是对人类自然权利的冒犯，但与奴隶制交织在一起的其他问题又让他对奴隶制的改革力不从心。他举棋不定的原因之一可能是他年轻时从政学到的一个教训。1769 年，他与资深立法者理查德·布兰德（Richard Bland）上校讨论了关于允许奴隶主释放奴隶（奴隶解放）的法案。布兰德主动提出进行提案，由杰弗逊附议。但布兰德的同事在公共和私下场合里却因此对布兰德进行言语攻击，所以目睹这场责难的杰弗逊表达自己对奴隶制的不满时，就有些小心翼翼了。

除了前车之鉴外，杰弗逊对奴隶制所持的相冲突的观点还有更深层原因。对他来说，白人和黑人之间的种族差异是区分两者最重要的方面，正因为这些差异，白人比黑人更优等，所以黑人不能被赋予自由。并且，杰弗逊虽然希望终结奴隶制，但他却担心，对过去心怀怨恨的奴隶和担心遭报复的奴隶主之间会发生恐怖的种族战争。白人和黑人无法和平共处，所以，如果奴隶制被废除，法律必须让获得自由的黑人离开弗吉尼亚。

法律修改委员会对弗吉尼亚的奴隶法修改得比以往更加严厉，比如，禁止奴隶或自由的黑人出庭站在白人的对立方作证，并且严格惩治黑人犯罪。但是，议会反对了这些最为严苛的提案，并于 1782 年颁布了法律，设立了奴隶主释放奴隶的程序。在 1806 年这条法律变得更加严格之前，很多弗吉尼亚的奴隶主都释放了奴隶，但杰弗逊并没有这么做。

在杰弗逊的自传里，他宣称自己的法律改革方案包含了解放所有奴隶的计划。那份稿件留了下来，但是我们不能证明他的同事们考虑过或甚至看过到这个计划。即使当时计划通过了，弗吉尼亚的奴隶制还是会留存很久，所有被解放的奴隶还会被迫离开弗吉尼亚州。像很多其他的奴隶主一样，杰弗逊不能也不会越过他作为种植园主精英的原始身份，或是去面对奴隶制的现实与革命理想之间痛苦的矛盾。

杰弗逊认为自己进行法律改革的最大挑战是定义教会与国家之间的合理关系。大概从弗吉尼亚 1607 年建立以来，就一直有一个官方教会——英国国教会（1776 年之后被称为美国新教圣公会，圣公会是"主教"的希腊语，强调主教在层层管辖体系中的中心地位）。在有官方教会的地方，政府不仅可以强迫民众参加礼拜——对违抗者处以罚款，还要求他们为教会的支持交纳酬金；教会则教导民众服从政府。

在革命之前，弗吉尼亚的官方教会就引起了争论。许多牧师懒惰腐败，只关心薪水是否定期发放以及是否还能领到特殊的土地配额。教会方面则坚称法律应该惩罚长老派或浸信会教徒等少数派或"异教徒"。这些行为十分不得人心，再加上教会在 1776 年之前一直支持英国，因此新教圣公会在弗吉尼亚的地位随着革命的到来被极大地削弱。

联合反对新教圣公会的，除了对宗教持异议的人士，还有自由派圣公会教徒，如《弗吉尼亚权利法案》的主要起草人乔治·梅森。《弗吉尼亚权利法案》于 1776 年由州议会通过，虽然强烈捍卫了宗教自由，但同样采取了宽容的老做法。"宽容"意味着多数派允许少数派拥有信仰自由，但只是作为一种恩惠，多数派可以以任何理由收回。

杰弗逊的看法与之不同：任何多数派，不管其信仰多么强大、真诚或富有美德，都无权把自己的观点强加到他人身上，即便是强加给那些不信教的人。从 18 世纪 60 年代末开始，杰弗逊的宗教信仰就与大多数弗吉尼亚人及美洲人不一样。他信仰自由神论，即上帝创造了世界，然后让世界按固定的、一成不变的律法运行，所以上帝并不干涉人们的日常生活。杰弗逊把他的信仰留存于心；除了最亲密的朋友，一生都不愿让旁人得知。他仅仅当众发表过一次宗教言论，即个人的宗教观只是这个人自己和上帝的事，不是政府的事。

出于这些原因，杰弗逊起草了他最具影响力的宗教改革法案，该法案不仅是他建立公正社会的核心内容，也最贴近他内心的想法。《建立宗教自由法案》（Bill for Establishing Religious Freedom）宣称政府无权要求任何人信仰任何宗教。法案特别反对了政府对个人课税以支持特定宗教或整体宗教事业的言论。法案以挑战式宣言结尾，指出以后的议会可能会反驳这项法令，但这样的行为是对"自然权利的侵犯"。

杰弗逊对自己从事的宗教改革倍感自豪，其中《建立宗教自由法案》最令他引以为荣。但令人遗憾的是，议会忽视了由他和威思及彭德尔顿一起辛苦草拟的众多法案。虽然杰弗逊的提案有一部分被议会通过，但总计 126 份提案中的大部分还留在修改者的报告稿里，与代表大会的其他文件一起被束之高阁。

"全能的上帝给予了我们自由思考的权利"

杰弗逊作为立法者的最伟大成就是完成了《弗吉尼亚宗教自由法令》（1779 年起草），法令否认了政府拥有决定公民宗教事务的权力。詹姆斯·麦迪逊说服了其他立法者于 1786 年颁布此法令。

我们清楚地认识到人的看法和信仰不由他们自己的意愿决定，而是需要遵从呈现给他们的事实。全能的上帝给予了我们自由思考的权利，并且展示了他无上的意愿即自由应该不受限制。任何影响自由思考的行为，无论是对人的身体的刑罚，对人的压迫，或国民的伤害，只会造成虚伪和卑劣的习性，背离我们宗教的神圣之父的旨意。他是躯体和精神的主宰，虽然他完全有能力这么做，但他并不通过强迫我们的躯体和精神，而是通过影响理性本身，来宣扬他的旨意。平民和教会阶层的立法者和统治者，自身难免犯错或缺乏创见，却支配着其他人的信仰，把自己的观念和思维模式看成唯一正确和永无过失的。他们不敬的推测已经让错误的宗教信仰在世界的最伟大地区长时间地开枝散叶并经久不衰：向一个人宣扬他不相信且厌恶的观念，并强迫他提供金钱的捐赠，是罪恶和专横的；甚至强迫这个人支持信奉自己宗教教义的某位牧师，也是剥夺了他的自由，让他不能随自己所愿将金钱捐赠给某位牧师，而这位牧师的道德是他愿意遵循的，这位牧师也最让他信服正义……

资料来源：Bill for Establishing Religious Freedom, in Merrill D. Peterson, ed. *Thomas Jefferson: Writings.* New York: Library of America, 1984, pp. 346 - 347.

　　当杰弗逊即将完成修改法律的工作时，他的朋友准备为他争取弗吉尼亚州的最高职位。1779 年 6 月 1 日，议会选举了时年 36 岁的杰弗逊为弗吉尼亚第二任州长。由于帕特里克·亨利已经连任三届，每届任期一年，因此不允许再继任，竞争便在杰弗逊、其儿时伙伴约翰·佩奇以及州民兵部队将领托马斯·纳尔逊（Thomas Nelson）之间展开。第一次投票选举，杰弗逊遥遥领先佩奇（但没有赢得大多数），纳尔逊远远落后两者；之后佩奇转而支持杰弗逊，杰弗逊赢得第二次投票。他的胜利意味着弗吉尼亚激进派改革者取胜，也显示了弗吉尼亚州的政客更愿意接受体面的种植园主的领导，而不是帕特里克·亨利似的汲汲营营之人。

　　州长一职让杰弗逊学会了许多为政和为官的谦和之道。他自己和其他议员都没有考虑过他是否具备一名成功的执政官所需的才能，他上任时的社会局面又使他面临的问题更加复杂。革命早期的一腔热情一去不复返了。到 1779 年，革命已经演变成残酷的内战，爱国力量（大陆军和州民兵部队）与英军和保皇军作战，一些法国人支持美国，而土著民偶尔参与两方的阵营。要唤起民众对自由独立事业的支持很难，杰弗逊不愿意胁迫民众这么做，同时，他天真地认为，没有必要采取胁迫的方式。

杰弗逊比较顺从议会。他与代表大会和州立法议会结成了友好的工作关系。州立法议会是州议会的上院，也是执行咨询委员会。杰弗逊需要两者的支持，因为战争已经成为弗吉尼亚的首要问题。即使是 1779—1780 年州政府的唯一重大议题，即州首府的选址，也必须考虑战争的因素：首府是否应该搬离易受敌军袭击的威廉斯堡，迁入更为中心的里士满？杰弗逊支持选择里士满，部分原因是他讨厌威廉斯堡的建筑式样，并且十分渴望推动里士满的发展。除了需要监督州政府如何应对战争要求，这项任务算得上是一件有益的分心事了。

政务消耗了杰弗逊的大部分时间和精力；他必须应对永无结束的文书工作，但他几乎没有实际权力。他说服了议会建立两个部门来辅助他，一个负责财政，另一个负责军事。但是来自两方面矛盾的要求让他进退两难：大陆会议和大陆军乞求弗吉尼亚（联邦最大的州）提供金钱、人力及物资，而弗吉尼亚人因害怕自己成为袭击的主要目标，坚持把这些资源留为己用。杰弗逊尽力了，但由于没有权力，他连连受挫。并且，杰弗逊信誓旦旦地认为弗吉尼亚人不需要有人组织或命令就会踊跃加入抗战，这个想法也让他吃到了苦头。

1780 年 6 月，杰弗逊再次当选州长。但令人遗憾的是，1779 年 12 月麻烦似乎已经降临。一队英国海军从纽约市往南航行，经过弗吉尼亚，驶向南卡罗来纳的查尔斯顿①，以帮助英方夺取此城。英国准备把注意力转向南方了。1780 年 12 月，由叛国者贝内迪克特·阿诺德（Benedict Arnold）率领的英军入侵弗吉尼亚；1781 年 1 月，一支海军陆战队加入阿诺德驻军，在州中心地带展开行动。当时，州政府已由威廉斯堡迁到里士满，而里士满正是阿诺德的目标。那年冬天，杰弗逊指导州政府从里士满撤离；阿诺德短暂占领了里士满后撤退，算是给弗吉尼亚敲了警钟。

1781 年春天，查尔斯·康华里（Charles Cornwallis）勋爵接管了弗吉尼亚的英国士兵。拉斐特侯爵（Marquis de Lafayette）的 1 200 名大陆战士根本无法抗衡康华里的 7 200 名训练有素的正规兵。前者只能发动小规模的袭击，然后安全撤退，这让英方大为恼火。1781 年 5 月，杰弗逊和议会听闻康华里可能会再次攻占里士满，便将州政府迁移到了蒙蒂塞洛附

---

① 查尔斯顿：美国南卡罗来纳州东南部港市，1670 年由英国殖民者建立，美国独立战争期间，该地由英国人占领（1780—1782 年）。——译者

近的夏洛茨维尔。

1781 年的 5 月和 6 月成为杰弗逊州长任期以及他政治生涯的低点。5 月 31 日，康华里派遣了一支骑兵部队迅速突袭弗吉尼亚中心。部队指挥官中校巴纳斯特·塔尔顿（Banastre Tarleton）爵士希望俘获州政府。由于杰弗逊认为弗吉尼亚人会主动抗敌，加之其他原因，州政府面对这场突如其来的威胁，没有组织起任何武装抵抗。一位弗吉尼亚骑兵杰克·朱厄特（Jack Jouett）看到了敌方开始行进，便骑上快马连夜走了 40 英里，赶去通知州长杰弗逊。杰弗逊听闻之后，骑马出外冷静地视察情况。随后，他监督州政府往斯汤顿撤离，并一直等到他的妻子和孩子们安全离开。而后在自行撤离的途中，杰弗逊躲过了敌方分遣队的抓捕。塔尔顿攻占了蒙蒂塞洛和夏洛茨维尔并于几天之后撤退。其中，杰弗逊的一些奴隶为获得自由出逃；杰弗逊后来指责道，正是因为英方承诺奴隶如背弃主人便会获得自由，所以弗吉尼亚在革命的过程中损失了几万名奴隶。

到此为止，杰弗逊像众人期待的一样，很好地应付了这场危机。1781 年 6 月 2 日，他的州长任期已满，决定不再竞选第三任。议会把继任者的选举推迟了十天；所以，当塔尔顿的部队 6 月 4 日抵达夏洛茨维尔时，即使当时杰弗逊的任期已经结束，他还在代理州长职务。但是，一旦杰弗逊履行完自己作为州长的职责，他自由的执政思想便让他犯下严重错误。这场危机过后，他再次把自己看成一介公民，回到白杨树林重新与家庭聚首（白杨树林是杰弗逊和妻子从岳父那里继承的一处种植园），而没有去往斯汤顿移交权力。

杰弗逊的离开使弗吉尼亚在 6 月 4 日和 12 日之间失去了州长的领导，大会决定选择纳尔逊将军继任。很多弗吉尼亚人为杰弗逊此举感到震惊，一些人甚至耿耿于怀。6 月 12 日，乔治·尼古拉斯（George Nicholas）要求对州行政部门展开调查，目标直指杰弗逊和州立法议会。对杰弗逊退缩胆小的指责在弗吉尼亚流传，这对他造成了深深的伤害；帕特里克·亨利支持尼古拉斯决议的传闻也加深了亨利和杰弗逊之间的隔阂。

议会决定于 1781 年 12 月 12 日进行调查。10 月，在弗吉尼亚东海岸的约克镇战役中，由华盛顿率领的法美军队打败了康华里，俘获其部队。约克镇作为独立战争的最关键一役，改变了弗吉尼亚的政治环境。这时，杰弗逊家乡阿尔伯马尔县的代表从议会辞职，杰弗逊通过选举赢得此席位。12 月 12 日，调查快要开始时，尼古拉斯却根本没有露面。所以，在无人挑起问题的情况下，杰弗逊占有了发言权，一一回应了对自己的指控。他本来十分不喜公众演讲，此次的表现可以说是十分出色。议会十分尴尬，撤销了对杰弗逊的所有指控，并通过决议，对他的任期工作进行表彰，就在这时，杰弗逊递上了辞呈。

之后，杰弗逊发誓他看破了政治生活，坚称自己受到了很大打击不会再度从政，并且不再有义务响应国家号召。1782
年 5 月 20 日，他对詹姆斯·门罗（James Monroe）表达了自
己的不满："我觉得这些伤害给我带来的心理创伤在我余生之
中是无法消减的。"而门罗当时已经入选议会，希望能和杰弗
逊共事。

　　虽然杰弗逊感到受挫，但州长一职也给他带来了一定的收
获。尤其是他与其他三人——詹姆斯·麦迪逊、詹姆斯·门罗
及威廉·肖特（William Short）——结成的朋友关系。这三段
友谊一直存续于杰弗逊以后的个人和政治生活中。三个人和杰
弗逊一样都是种植园主精英，但在其他方面，相互之间又十分
不同。

　　杰弗逊和麦迪逊的第一次见面是在 1776 年，当时，杰弗
逊从第二届大陆会议返回到弗吉尼亚议会当政，但一直到
1779 年麦迪逊被任命为州立法议会的一员，他与州长杰弗逊
才开始成为亲密而长久的盟友。麦迪逊比杰弗逊小 8 岁，性格
安静腼腆，体格瘦小，大约 5.5 英尺高，以至于旁人曾开玩笑
说他一定是从一块肥皂上刻出来的。麦迪逊头发稀疏，呈红褐
色，他把头发按当时的风俗向后梳拢并施上粉。给头发抹粉可
以让人看起来年轻庄重，这是麦迪逊所需要的，一直到他 50
多岁时，他看上去都要比实际年龄年轻得多。

　　弗吉尼亚的绅士，包括杰弗逊在内，大都在威廉玛丽学院
接受教育。而麦迪逊就读于新泽西学院（今普林斯顿大学）。

麦迪逊的这幅肖像画表现了他的睿智博学、政治洞察力及偶尔的傲慢。
杰弗逊把麦迪逊看成自己最信任的伙伴和政治盟友

他在学校接受了优越的教育，师从校长、当时最伟大的教育家之一、苏格兰裔牧师约翰·威瑟斯庞（John Witherspoon）。麦迪逊在获得大学学位后又在学校待了一年，学习历史、伦理、道德哲学和希伯来文。他还不确定自己想从事什么职业。身体状况欠佳让他忧虑，因为他觉得不管是当神职人员还是从事律师行业，自己都缺少精力，目标也不够确定。

　　革命帮助麦迪逊找到了自己的使命——从政。在 1776 年弗吉尼亚大会上，麦迪逊帮助乔治·梅森起草了《弗吉尼亚权利法案》中有关宗教自由的条款。但不久之后，拘谨古板、循规蹈矩的麦迪逊却犯了他从政生涯里唯一一次重大失误：他没有请自己选区的选民喝免费饮料，所以败在了投票环节。他吸取了这次教训，之后再无落选。

麦迪逊和杰弗逊有很多相似之处。两人都是勤勉的议员，擅长法律起草，胜任委员会工作，并且两人在议会发言时声音都有些微弱。但与杰弗逊不同的是，麦迪逊演讲时驾轻就熟、令人信服；他发言时，同事们为了能够听得更清楚，都围绕在他的旁边。另外，在思维习惯和政治观点方面，麦迪逊和杰弗逊也很相似。他们十分热爱读书，致力于宗教自由、政教分离，以及保护弗吉尼亚人的利益。他们成了平等的伙伴，杰弗逊十分尊敬麦迪逊，认为他睿智博学，自己也经常听从他的建议。从 1776 年直至杰弗逊 1826 年去世，每每麦迪逊与他观点不一并指出其错误时，杰弗逊都会听从，而他对别人却从不如此。

像麦迪逊一样，詹姆斯·门罗也比杰弗逊年轻。虽然门罗并不如麦迪逊思维敏捷、博学多才，但他有一些特质是杰弗逊十分欣赏的。门罗出生于 1758 年，是一位老革命者和战争英雄，勇敢的性格铺就了他的政治道路。他在威廉玛丽学院受过教育，比杰弗逊更具有这所学校毕业生的气质。门罗虽然行为有些拘谨，但性格外向，极力维护自己的尊严。杰弗逊指导门罗学习法律，同时也是门罗加入律师界的资助人。杰弗逊看重门罗纯净的性格，他写给威廉·坦普尔·富兰克林（William Temple Franklin）（本杰明·富兰克林的孙子）的信中说道："（门罗）是这样一个人，即使他将自己的灵魂彻底坦白，也不会被发现有任何一个污点。"

威廉·肖特生于 1759 年，是杰弗逊的姻亲。他和杰弗逊及门罗一样，都曾就读于威廉玛丽学院。1779 年，肖特参加了由乔治·威思主讲的美国第一届公共法律讲座。威思成为肖特的导师，肖特进入律师界，杰弗逊是他的主考官之一。在肖特看来，杰弗逊是处理约翰·韦莱斯财产的相关法律事务的客户。杰弗逊则把肖特看成自己的"养子"。他写信给麦迪逊，说肖特具备"探究真理的独特才能"。肖特在里士满开始法律工作不久，便被提名到州立法议会任职。18 世纪 80 年代，肖特担任杰弗逊在巴黎时期的秘书，之后又从事了外交工作并经商。

杰弗逊在余生中依靠麦迪逊、门罗和肖特给予自己支持，与他们商谈并指引他们为着共同的目标前进。即使他们三人偶有意见不合，却是杰弗逊最为信任的伙伴、助手及盟友。

但是 1781 年底，杰弗逊试图说服众人，包括他最亲密的朋友，说自己厌倦了政治生活。他决定重拾体面的种植园主身份，与家人一起共度余生。为了充实自己，他负责了担任州长时期留下的一个学术项目。1780 年，法国外交官弗朗索瓦·

德巴贝-马布瓦（François Barbé-Marbois）给十三州的州长发来问卷，征集每个州的信息，如地理、自然资源、历史、法律、政治和经济。当时，做出回复的州不多。现在，杰弗逊重新找出问卷，写了一份厚厚的稿子，取了一个不起眼的名字——《弗吉尼亚州笔记》。其中"疑问"一章回答了法国人提出的每一个问题，不过杰弗逊以适合自己的方式对问题进行了重新排列。

写作《弗吉尼亚州笔记》给了杰弗逊反思弗吉尼亚的机会，让他思考欧洲人对美国的好奇之处。同时，他也得以坚持自己珍视的理念和兴趣，如宗教自由、政体的合理结构、土著民的品德以及农业作为自由民族维系自由的最好生活方式。杰弗逊开始正式草拟他关于良好社会的愿景，这个社会基于诚实的农民、共和政府、诚实本真的教养以及对自由的热爱。1781年底，杰弗逊把他未完的手稿暂时搁置，计划晚一些再继续。

杰弗逊的朋友不能接受他退出政坛的决定。会议定期给他分配工作，但通常被杰弗逊拒绝了。他的妻子正在待产，有事实表明在此期间杰弗逊不敢离开妻子左右，但他不愿意对别人做此解释，包括他最亲密的朋友。杰弗逊的沉默让诸如理查德·亨利·李等政客相信杰弗逊自私地把个人幸福放在公共责任之上，所以他们的热情便不如从前了。

1782 年 4 月 13 日杰弗逊 39 岁生日时，夏斯特吕侯爵弗朗索瓦·琼（François Jean, Marquis de Chastellux）到访蒙

蒂塞洛。在夏斯特吕侯爵的旅行笔记中，他对杰弗逊进行了简短而出色的描写：

> 我跟你们描述的这个人，年龄不到四十，高高的身材，面容温和悦目，但他思想和阅历的丰富绝不输于其外在魅力。他从未离开过自己的祖国，同时他擅长绘画，是一名音乐家、几何学家、天文学家、自然哲学家、议员和政治家。他在著名的大陆会议担任了为期两年的议员，正是大陆会议带来了革命，他每每谈及这份成就，都不无肯定，但又怀着些许遗憾。他还担任过弗吉尼亚州的州长，面对阿诺德、菲利普和康华里的入侵，艰苦地开展工作。他是一位哲人，自愿退出世界和公共事务；他热爱这个世界，只因自认为对人类有用，认为他的同胞们还未做好准备迎接光明或承受矛盾。他的妻子温和友善，孩子们令人喜爱，他还亲自负责孩子们的教育；他修葺房屋，进行大量捐赠，并且培养自己艺术和科学的才能……他似乎从年轻时就开始把自己置于一个重要的位置，就像他自己盖的房屋一样，在这个位置上他能够思索宇宙。

夏斯特吕侯爵对蒙蒂塞洛早期的描写也十分珍贵：

> 由杰弗逊设计并经常参与建筑的这栋房屋呈意大利风格，虽然不是十全十美，却非常有品位。房屋大而方正，入口处建造了有圆柱的门廊。一楼是一间大的会客厅，完全按古典风格装修……他的房子与这个国家的其他建筑都

　　不一样；所以可以说，在实现房屋基本功能的基础上，杰弗逊是第一个使用美的艺术来建造房子的美国人。

　　如果夏斯特吕侯爵晚五个月到访弗吉尼亚，他就不会有机会来记录他印象中杰弗逊的"温和友善的妻子"。1782 年 8 月，玛莎·杰弗逊在生下第六个孩子露西（Lucy）之后便病倒了。她的丈夫不离左右；他知道她将不久于人世，她自己也知道这一点。杰弗逊的监护人埃德蒙·培根，以及萨莉·赫明斯（玛莎卧病时，小萨莉是照看她的奴隶之一）的子女记述道，玛莎让杰弗逊做出不会再婚的承诺，这样她的孩子们便不会像她自己从前一样由继母抚养。

　　1782 年 9 月 6 日，年仅 34 岁的玛莎·韦莱斯·斯凯尔顿·杰弗逊去世。生产对于那个时代的母亲们来讲是一种煎熬，对玛莎尤为痛苦。在与杰弗逊共度的十年中，她生了五个女儿和一个儿子（几周之后夭折）；此外，她与前夫生的一个儿子于 1773 年她再婚后的第二年去世。只有玛莎（Martha）、玛丽亚（Maria）和露西活了下来。

　　玛莎的病痛和去世给杰弗逊带来了巨大压力，他几乎支撑不住了。在玛莎弥留之际，杰弗逊悲痛不已，几乎要昏厥过去。他妹妹玛莎·卡尔（Martha Carr）便命奴隶们把杰弗逊搀到另一个房间，她害怕玛莎的死会要了自己哥哥的命。此后的几个星期，受到打击的杰弗逊神志昏乱。离开妻子的病榻，他游荡在蒙蒂塞洛的庭院，有时是骑马，大多数时候是步行，身旁只有九岁的女儿玛莎相伴。那些天里他时常沉浸在悲痛当中。他把妻子所有的信件和文字都烧毁了——只留下一份。妻子在病榻上时，开始从他们最喜爱的劳伦斯·斯特恩的小说《项狄传》中抄写一段描写至爱去世的话，但最终由于身体太过虚弱而没有完成，杰弗逊便替妻子抄完。现在杰弗逊把这份孤零零的文字保留并折叠好，连同妻子的一缕头发一起锁进他书桌的一个秘密隔层里。

玛莎·韦莱斯·杰弗逊用这个铃铛来召唤仆人。赫明斯的家族史记述，萨莉帮助她母亲贝蒂·赫明斯照顾托马斯·杰弗逊奄奄一息的妻子，玛莎去世后，这个铃铛留给萨莉作纪念

1782年底，大陆会议任命杰弗逊加入美方代表团，与约翰·亚当斯、本杰明·富兰克林和约翰·杰伊（John Jay）一起与英国展开缔结和平条约的谈判，大陆会议希望此举能让杰弗逊重返政坛。[代表团第五名成员、南卡罗来纳的外交官亨利·劳伦斯（Henry Laurens）被英方俘获，关押在伦敦塔监狱。]如果杰弗逊的妻子还在世的话，他肯定会拒绝这次任命。现在，这份荣誉以及到访欧洲的机会，正可以让他走出丧妻之痛，重新燃起对世界事务的兴趣。但在杰弗逊踏上巴黎之前，有消息说杰伊、富兰克林和亚当斯已经取得

了超出众人所想的成果。1783 年的《巴黎条约》（Treaty of Paris）使英国承认美国独立以及在加拿大海岸的捕鱼权，阿勒格尼山脉和密西西比河之间的所有土地归美国所有，美国的面积增加了一倍。但是，和约的签订也令杰弗逊计划的欧洲之行成为泡影。

1783 年 6 月，弗吉尼亚派杰弗逊前往费城，出任弗吉尼亚州在邦联国会［按照《邦联条例》（the Articles of Confederation)①，由邦联国会接替第二届大陆会议］的代表团领导。杰弗逊加入国会之后，十分关注从英国获得的领土。他很早就认识到美国西进扩张的潜力，他也相信西部将是决定新国家特性的关键因素。他希望由个体农民组成的共和国可以往西部扩张，每个农民既耕种自有土地，又投入个人及国家的独立和自由事业。因此，杰弗逊反对欧洲的殖民制度——母国按照自己的利益对殖民地进行统治。他坚称邦联国会应该允许新的领地在其监督下进行自治。

领地一旦达到一定的人口数量，就可以向国会提出请求，作为新的州成员加入美国，享受与原有十三州同等的地位。杰弗逊还建议，在矩形方格的基础上，新领地的勘察员应该把领地按单个农场大小的地块进行划分。邦联国会把这个方案写进

---

① 1776 年北美宣布独立后不久，第二届大陆会议提出并着手起草的全国宪法性文件，以约束和规定各州之间、各州与邦联国会之间关系。《邦联条例》1777 年通过，1781 年最终批准生效。——译者

了《1785 年条例》（Ordinance of 1785），时至今日，它还对美国中西部及西部的规划发挥着作用。此外，杰弗逊基于自己对希腊文和拉丁文的掌握以及对土著民语言的兴趣，提出把划分为州的领地冠以自己想好的名字。

国会采纳了杰弗逊关于扩大领土的设想（但关于州的名字的建议没有被采纳），并且在 1787 年由两个美国立法团体展开工作。之后，邦联国会颁布了《西北法令》（Northwest Ordinance），即 1784 至 1787 年间三个领土法令中的最后一个也是最著名的法令。另外，创建新州的想法由后来的联邦制宪会议写进了美国宪法。

但是，杰弗逊关于管理领地的想法却遭受了一次重大打击。他原希望《1784 年领土法令》（the 1784 Territorial Ordinance）能采纳在新州废除奴隶制的规定，但由于一位新泽西州代表生病，浪费了这个州的投票权，杰弗逊的提议没有通过。虽然原有十三州的奴隶制不会因此受到直接影响，杰弗逊仍为错失这次机会惋惜不已。

杰弗逊工作的辛劳让同事们为之钦佩，他也仍然是美国驻外公使的首要人选。1784 年，邦联国会最终给了杰弗逊又一次执行外事任务的机会，杰弗逊便热切地开始了他人生中最富创造力及个人意义的阶段。

第四章

"请仔细看看我身处的被吹捧的欧洲!"(1784—1789 年)

1785 年 9 月 13 日，作为新任美国驻法公使的托马斯·杰弗逊从巴黎写信回来，向一位老友吐露了他对欧洲的看法。1773 年，意大利学者查尔斯·贝利尼（Charles Bellini）到达弗吉尼亚；1779 年，杰弗逊帮忙安排他成为威廉玛丽学院现代语言的第一位教授。现在杰弗逊试图向贝利尼解释自己对欧洲的匆匆印象：

> 请仔细看看我身处的被吹捧的欧洲！……你可能很好奇，欧洲的新景象给美国这位乡野粗人留下了什么印象。我可以确切地说，并不是什么正面的印象。我发现在这里，人们的命运大都很可悲。伏尔泰观察到的真理是永恒的，这儿的每个人要么是榔头，要么是铁砧……

杰弗逊坚称，即使是欧洲贵族的生活，"也远远逊色于……大多数美国民众享有的平静持久的幸福"。但是，他又必须承认自己十分享受欧洲的"饮食乐趣……因为除了味道不错，还提倡戒酒"。此外，他还很羡慕欧洲的美术作品：

> 接下来我想告诉你我有多么喜欢欧洲的建筑、雕塑、

绘画和音乐。他们的优秀就体现在这些艺术当中。音乐尤其是一种享受，缺少这种享受将是不可想象的。我甚至想说，它是我从心底里唯一羡慕他们的地方，也是我不管《十诫》①的权威而真正贪求的。

在一年多的时间里，杰弗逊已经从一名弗吉尼亚的革命者和政客转变为一位美国外交官。1784 年 5 月 7 日，邦联国会任命他和约翰·亚当斯及本杰明·富兰克林一起，与欧洲进行商业条约谈判。接到任命后，杰弗逊立即从蒙蒂塞洛赶往波士顿预订前往欧洲的船票。他的大女儿玛莎（昵称"帕齐"）陪伴在侧。1784 年 7 月 5 日，杰弗逊一行坐上驶往巴黎的轮船"谷神号"。4 周之后，他们于 8 月 6 日抵达法国。

一开始，杰弗逊对这个新环境并不适应。他以前从未到过这么大的城市，他虽然可以阅读法文，但口语却不是很熟练。那年冬天，巴黎又潮又冷，与弗吉尼亚温暖明媚的天气相去甚远。他告诉朋友们，自己努力适应当地气候，身体健康也受到了影响。但正当他和帕齐开始适应海外生活时，家乡传来了悲痛的消息：1785 年 1 月，拉斐特侯爵告知他们，杰弗逊最小的女儿，两岁的露西已于两月前死于百日咳。

为了让自己从悲痛中走出来，杰弗逊开始埋头工作。幸运的是，他与另两名同行合作友好，并十分尊敬他们；富兰克林

---

① 《十诫》：犹太教与基督教奉为神圣的一套宗教戒律。——译者

温文有礼，亚当斯易怒多疑，尽管两人互不喜欢对方，但对杰弗逊都十分尊重，杰弗逊也能很好充当两者的平衡者。杰弗逊受到富兰克林家人的欢迎，并慢慢融入了对方的家庭圈子。亚当斯才华横溢的妻子阿比盖尔也成了杰弗逊的朋友，并且十分喜欢帕齐。杰弗逊因为安于家庭的性格而不喜欢参加巴黎频繁的社交聚会，所以他反而更像是亚当斯家庭的一员。在巴黎的第一年里，杰弗逊花费了很多精力找寻一处合适的居所，以便他自己和女儿、从弗吉尼亚带来的奴隶以及在巴黎雇的佣人都足以容身。最后，他确定了朗雅克酒店，在巴黎任职期间他一直居住在此。

在这幅 18 世纪巴黎的雕版画中，画的左边是杰弗逊担任驻法公使时期所租住的朗雅克酒店。杰弗逊十分珍视巴黎的音乐、艺术及文化，同时也告诫自己的同胞远离都市生活的腐化和危险

　　1785 年 5 月 2 日，杰弗逊听说邦联国会已经同意富兰克林卸任美国驻法公使一职，并任命自己接替上任。三周之后，5 月 23 日，约翰·亚当斯与家人一起离开巴黎，前往英国担任公使；7 月 15 日，富兰克林启程回国。两人离开之后，巴黎只剩杰弗逊一人。

　　为应对新职位带来的挑战，杰弗逊吸收了自己在弗吉尼亚州及美国政坛的经验。他个性中的某些特质，尤其是他不喜与人交锋以及说话恰到好处的才能，令他十分胜任外交工作。比如，每每他被引见为新任驻法公使并被问到是否代替了富兰克林，他总是回答说："先生，没人可以代替他，我只是他的继任。"

　　相比之下，他想成为英国外交官（辅助亚当斯签订商业条约）的尝试却失败了，虽然这并不是他自身的过失。1786 年 3 月 11 日，亚当斯把杰弗逊引见给乔治三世时，英王仍对杰弗逊当初反对他的言论愤愤不平，因此有意冷落了他，这与他接受亚当斯呈递国书时表现出的友好形成了鲜明对比。杰弗逊后来在自传中回忆道："在英国国王和王后举办的招待会上，按惯例我被引见给他们，但没有什么比他们对待我和亚当斯先生更加无礼的了。"乔治三世的态度以及外交部的附和，使杰弗逊对英国的敌意日益加深了。

　　大国外交的惯常模式，尤其是强调国王之间的个人关系以及依此建立起来的同盟关系，令杰弗逊有些反感。他对政治如何能更好地服务美国的利益有着强烈看法。他致力于推动国家间不受商业限制和关税影响的贸易，力图在美欧之间建立自由贸易。他与亚当斯一起说服了普鲁士国王签署建立在自由贸易基础上的商业协定，并希望与其他强国——甚至是与英国也能签订类似协定——但无功而返。

1788 年 11 月，杰弗逊谈成了一项协定——《1788 年领事公约》(the Consular Convention of 1788)，对美法两国外交官在对方国的行为进行了约束。这个条约也是 1789 年美国参议院在美国新宪法下批准的第一个条约。

杰弗逊工作中的最大负担，是与巴黎和阿姆斯特丹的政府官员及私人银行家进行经济谈判。对于美国的独立战争借款，他不得不反复商谈借贷条约。杰弗逊通常独自一人承担这些工作。在 1788 年初到访荷兰时，他也与亚当斯一起合作过。杰弗逊经常要面对十分详细且充满敌意的质疑：新国家的稳定、摇摇欲坠的经济以及偿还巨额债务的能力。这份差事让杰弗逊感到难堪，尤其当他认识到美国金融困难的原因之一就是邦联政府缺乏实力时。

而在另一项外事任务——收集情报方面，杰弗逊完成得非常出色。他给邦联外交部部长约翰·杰伊及其他重要美国人物（包括华盛顿和麦迪逊）发出大量信件，提供了关于欧洲事务的详细信息及其对美国的影响。杰弗逊作为一名敏锐的观察家，善于从公共和私人渠道搜集并筛选信息。他尤其利用自己与拉斐特侯爵等法国人交好，打探到法国国王路易十六及其大臣的意图。

　　美国外交官的工作要求很高，有时又充满挫败感，但他们并不需要全日工作。但杰弗逊却力图填补自己的空余时间。他不仅处理细致的财务问题和微妙的外事任务，作为美国的象征，他还积极维护美国的利益，并勤勉地观察所有能让美国受益的事物。本着对欧洲的好奇，他把自己的观察记录在旅行日记、报告和信件当中。他转遍了巴黎的书摊，一为添加藏书，二为与自己交换愿望清单的詹姆斯·麦迪逊购置图书。除了书本以外，他还为自己及女儿们寻找乐器和乐谱。他始终回避欧洲人对美国状况的提问，向好奇的欧洲人保证自己国家稳定，并推动向美国的移民。

　　杰弗逊最为专注的工作之一是让美国的思想独立于欧洲。他选择的领域不是政府或政治，而是自然。布丰伯爵乔治-路易·勒克莱尔（George-Louis Leclerc, comte de Buffon）的《自然通史》（*Histoire Naturelle*）已出版了几十卷，布丰也成为大西洋两岸此学科最著名的专家。作为书中的一大主题，布丰断言，美洲所有的动植物，包括人类，都更矮小、脆弱、不够长寿。事实上，他的说法并没有证据，只是建立在源于两个世纪前欧洲人对美洲一贯轻蔑的态度之上。

　　布丰的言论让杰弗逊感到惊愕和愤怒，他知道这番言论毫不属实，并且害怕想要移民美国的欧洲人会因此放弃。杰弗逊恳求朋友们找到动物标本，以证明自然并不会抛弃新世界而青睐旧世界；他把这些标本展示给了布丰——包括动物毛皮、赤鹿和驼鹿角以及标本动物。

但是，标本并不足够；杰弗逊知道，要反驳一本书，就有必要写出另一本书。因此，他把美洲的动植物标本呈现给布丰的同时，也找出了自己于 1781 年开始写作的手稿，当时正是为回复法国外交官弗朗索瓦·德巴贝-马布瓦关于美国各州的调查。现在，杰弗逊快速对手稿进行了修改和扩充，1785 年 5 月，《弗吉尼亚州笔记》付梓。

起初，由于杰弗逊比较担心自己关于奴隶制和弗吉尼亚宪法的言论会招致激烈的批评，他指令第一版刊印 200 份，只给他在欧洲和美国的朋友，并且在书名页隐去了自己的名字。但令人遗憾的是，一位法国出版商得到了一册，草率地翻译完，并计划在书名页的显眼位置署上杰弗逊的名字出版。受到羞辱的杰弗逊决定将计就计，于是他授权出版了《弗吉尼亚州笔记》的两个普通版本。其一是在他的监督下由自由派神职人员安德烈·莫尔莱（André Morellet）神父翻译的法译本，为匿名出版。另一版是由伦敦出版商约翰·斯托克代尔（John Stockdale）于 1787 年出版的英文修订版，附有杰弗逊的名字。

　　《弗吉尼亚州笔记》是杰弗逊唯一一部正式的文学作品，它也许能被称为 1800 年前出版的最重要的美国书籍，是启蒙运动学术研究的范例之一。这本书探讨了弗吉尼亚的地理、自然历史、政治、宗教和社会风俗，展示了杰弗逊惊人的知识体系，他流畅乐观的笔触是对弗吉尼亚和美国最好的致意。

　　杰弗逊在《弗吉尼亚州笔记》一书中驳斥了布丰关于自然和人在新世界退化的言论，他还用很多数字表格证明了弗吉尼亚的动植物种类与欧洲一样多，甚至更加丰富。书中有几页极富感情，杰弗逊对土著民的美德和才能进行了描写，表示十分欣赏他们的勇气和口才，至于提到的土著民原始的风俗习惯，他解释为无知所致。他还对诸如弗吉尼亚天然桥①等自然景观进行了生动描写，其中天然桥正好处于他的私人领地。此外，杰弗逊简要描述了弗吉尼亚宪法，在褒扬其精华的同时，也对议会权力集中等缺陷提出了严厉批评，他关于宪法的观点在之后的四十多年里一直是弗吉尼亚争论的话题。

　　当杰弗逊写到奴隶制和种族时，他对自由平等的追求却戛然而止了。此时，他对奴隶制的看法勉强达到了平衡。他仍旧对奴隶制进行了严厉愤怒的谴责。在《弗吉尼亚州笔记》的第 18 问即"风俗"当中，他充满了绝望：

---

　　① 天然桥：因受侵蚀而成横跨溪谷等的弓状岩石形成物。——译者

《弗吉尼亚州笔记》最初及未公开版的书名页略去了杰弗逊的名字。该书展示了杰弗逊关于良好社会的宏伟愿望——由致力于自由和共和政府的小农民组成的独立共和国一个国家的自由，其唯一坚实的基础是根植在人民心中的这样一种信念，即自由是上帝所赐，除了上帝的惩罚，自由不能被侵犯。如果把这个基础移除，自由还能有保障吗？事实上，当我想到上帝是公正的时，我为我的国家担心：他的公正总会发挥作用；如果只考虑到数字、自然及自然的方式，好运可能会改变，情况可能会变化；并且可能就是因为超自然的干预！在这样的比拼中，全能的主并不会与我们站在一边。

但是，在《弗吉尼亚州笔记》的第14问"规则"当中，杰弗逊极力解释为何弗吉尼亚不能立即废除奴隶制，并且即使废除了，所有的奴隶也必须被驱赶出去。他强调主人和奴隶之间最大的差别是种族的差别，也就是他所说的"自然做出的最真实的区分"。杰弗逊声称非洲人相比于欧洲人，处于劣等地位，差别包括肤色、脸部特征、身材及习惯。虽然这听起来很中立也很科学，但事实并非如此。杰弗逊每次都让自己的结论偏向白人而非黑人，并对这种偏见加以看似科学公正的掩饰：

我只是怀疑性地提出这一点：黑人，作为一个十分不同的种族，不管是原本如此，还是由时间和环境造就，在身体和精神上都是低白人一等的。做出如下假设是不与经验相违背的，即同一基因的不同种类或相同种类的不同形态，可能会具有不同的特质。把人按照自然所赋予的秉性区分开来，这是热爱自然历史的人可以理解的，因为他们以理性的眼光来看待各层次的动物种类。肤色的差别，也许还有能力上的差别，已经很不幸并极大阻碍了这些人的解放。

杰弗逊捍卫种族不平等的偏见使当今的读者感到震惊。他发展了一套种族劣性的新观点，还援引科学的论据。后来的白种美国人引用他的第 14 问为奴隶制正名，但反对他在第 18 问中的观点，即基于杰弗逊提出自然法和自然权利，奴隶制是错误的，并且对白人和黑人都是有害的。因此，杰弗逊思想的精华和糟粕部分从《弗吉尼亚州笔记》可以窥见一斑。

杰弗逊与欧洲的复杂联系既有思想层面上的，也涉及个人层面。在巴黎期间，他发现自己心里激荡起一种久违的感情，而这是继他妻子去世之后很久没有过的。1786 年夏天，美国艺术家约翰·特朗布尔来到巴黎学习艺术时，把杰弗逊介绍给了玛丽亚·科斯韦（Maria Cosway）。像玛莎·韦莱斯·杰弗逊一样，玛丽亚·科斯韦瘦小纤弱，有着一双明亮的蓝眼睛，和一头精心梳理的金色卷发。她出生在意大利，父母是英国人，学习过艺术的她是一位小有名气的肖像画家。是她的丈夫，同为画家的理查德·科斯韦（Richard Cosway）把她带到了巴黎。玛丽亚比杰弗逊小 16 岁并令后者十分着迷。他们一起畅游巴黎，参观艺术画廊以及古代废墟。1786 年 9 月 18 日，杰弗逊与她一起散步时，兴致正浓，跨越一处矮栏杆时不小心摔倒，右腕骨折，左腕也扭伤了。在这之后的几个月里，他不得不使用左手费力地书写。

两人于 1786 年见面时，玛丽亚·科斯韦令杰弗逊为之倾倒。不管他们是否有过长时间的暧昧或是浪漫关系最终无果，自杰弗逊的妻子玛莎去世之后，科斯韦第一次触动了杰弗逊的内心

杰弗逊与玛丽亚·科斯韦同游巴黎或其临近村庄，度过了许多浪漫的午后时光，除此之外，他们俩的关系人们便知之甚少了。1786 年 10 月 12 日，杰弗逊给科斯韦写了一封他有生以来写得最长的信。以半调情半哲理的口吻，杰弗逊展开了一段他的头脑和心灵之间的详尽对话。对话采用了 18 世纪信件写作的文字传统，并效仿了杰弗逊最喜爱的小说家劳伦斯·斯特恩的文字游戏。精明现实的头脑和诚实慷慨的心灵分别代表了杰弗逊两个对立的自己。下文的摘录便是心灵对头脑的一番告诫：

当自然赋予我们同一个栖息地，她同时也给了我们不同的分工。她把理性赋予给你，把道德赋予给我……简言之，我的朋友，据我回忆，我不知道我是否遵从过你的建议行过善举，也不知是否自作主张有过恶行，所以我不认为你对我有过任何干涉。如你所愿地在纸上填满三角形和正方形吧，看看有多少种方法可以把它们排列和组合在一起。我不会妒忌或控制你美好的兴致，但是也请让我自行决定何时何地去收获友谊。

杰弗逊这封 1786 年写给玛丽亚的信生动地描写了"头脑"和"心灵"之间的对话，表达了玛丽亚离开巴黎之后杰弗逊复杂的感情。由于右腕摔伤，杰弗逊不得不用左手写作，这也是杰弗逊写过最长的信玛丽亚在回信里赞扬了杰弗逊的文采，并遗憾地说自己的文字根本无法媲美；但后来让她沮丧的是，她意识到是自己写了大部分的信件但杰弗逊的回复却很少。在他俩的关系中，总有一方更积极坚定。

这种关系的摇摆，原因之一可能是两人都认识到关系不可能再进一步发展。玛丽亚虽与丈夫不太和睦，但毕竟已婚，而她所信奉的罗马天主教并不赞同离婚。因此，她不愿意解除婚约。并且，作为一名欧洲人，她不能想象移民或到访美国，尽管杰弗逊一再明示她这么做。而杰弗逊作为一名美国人，把他在欧洲的停留看成一次访问。杰弗逊也与玛丽亚熟知的大部分男人不同。杰弗逊具有学者风度，见识广博又带着些学究气，两人有时会相互误解。慢慢地，他们信件的内容少了调情的成分，此后，虽然直到 19 世纪前十年间两人还保持通信，但通信的间隔很长。巴黎那段激动人心的日子已经一去不复返了。

1787 年 2 月，邦联国会准许杰弗逊离职一段时间，前往矿泉疗养地康复受伤的手腕。杰弗逊来到法国南部，并绕道意大利，在那里他观看了稻田，装了一些稻米从外交邮袋里运送回国，如此可以绕过当地有关水稻出口的法律。杰弗逊与一名仆人乘坐一辆简朴的马车出行，他很是享受这种"微服"出访。视察乡村让他得以研究农民的生活及农业状况，并且观看了尽可能多的罗马遗迹。

1787 年 3 月 20 日，他很高兴地描述自己终于看到了卡利神殿，那是法国城市尼姆的一处罗马建筑。他写道："女士，我就在这儿，凝视着卡利神殿，就像一个人看着自己心爱的人。附近纺袜子的工人和纺纱工都把我看成一个患疑病症的英国人，好像被迫要书写自己生命的最后一章。"卡利神殿是杰弗逊最喜爱的建筑之一，在他离开弗吉尼亚去往欧洲之前，卡利神殿就已经激发起他设计首府里士满的新议会大厦的灵感；现在，他花了大力气监督制作好这栋建筑的精确模型，运送到弗吉尼亚，让里士满的工人参考。

关于美国人应该从旧世界获得什么，杰弗逊的看法很坚定。1788 年，南卡罗来纳的爱德华·拉特利奇（Edward Rutledge）和宾夕法尼亚的威廉·希彭（Willian Shippen）向杰弗逊寻求旅行方面的建议，他给这两名美国年轻人写了一份便函，让他们只研究对美国有用的东西——农业、"机械艺术"、园艺和建筑。他写道，欧洲政治"在尊重这些国家内政的基础上是值得研究的"。他还建议他们采取自己当初的做法：

> 要考察政治对人民幸福的影响。抓住每一个可能的机会去劳工们的家庭，尤其在他们就餐时，观察他们的饮食、穿着，他们是否被迫从事过于辛苦的工作，政府或地主是否不合理地占用了他们的劳力，他们所称的自有财产或个人自由得以建立的基础，等等。

更重要的是，杰弗逊警告自己的同胞不要太过注意欧洲的宫廷，并把这些宫廷比作"伦敦塔或凡尔赛动物园"。"在不同的宫廷之间，狮子、老虎、豺狼及其他的食肉动物并没有什么区别。"他还挖苦道："对它们稍加了解，你就会知道除了最恢宏的外表，它们是人类最薄弱也是最糟粕的所在。"后来，他力劝年轻的美国人不要做传统的欧洲"大旅行"，因为这必定会很快损害他们的习惯和政治立场。

法国的贫富差距让杰弗逊感到愕然。他注意到，社会差异深刻地破坏了人们的道德、勤劳和幸福，因此他对农村人民十分同情。在一次旅行中，杰弗逊碰见一位步履维艰的老妇，便用马车载了她一程，并在路上询问起她的生活。到了老妇要去的地方，杰弗逊给了她一点钱，而这正好是老妇整整三天的工钱，老妇对此感激涕零。对比之下，杰弗逊对城市里的穷人却不这么看，认为他们不值得同情，只是城市的必然但堕落的产物。在杰弗逊的余生，他一直恳求自己的同胞不要"在大城市扎堆"，因为他谴责大城市是动物们相互厮杀的野兽窝。

杰弗逊认为自己在欧洲的旅行就像上了一个速成班，对新旧世界的差异有了重要的认识。他所看到的每一个地方都存在腐败；滋生于君主制、贵族政治、城镇化以及国教教会，这个现象正让欧洲人的生活走向衰败。他坚称，与欧洲不一样，美国人民的生活日益幸福、富裕，而且他们品行端正。

1787 年 5 月，旅行结束后不久，杰弗逊把自己 8 岁的女儿玛丽亚（昵称"波莉"）接到了巴黎。同行的还有奴隶萨莉·赫明斯，大约 14 岁的年纪（与帕齐一般大）。萨莉是贝蒂·赫明斯和约翰·韦莱斯的女儿，因此与杰弗逊的妻子是同父异母的姐妹。杰弗逊的姻亲让萨莉与波莉同行是因为她有照顾波莉的经验，波莉也十分喜爱她。

我们并没有萨莉·赫明斯的肖像画，但从后来有关她的描述我们得知，她体态挺直、不失尊严，肤色较浅，黑发及腰。我们不知道她是否长得与玛莎·韦莱斯·杰弗逊相似。杰弗逊对她的描述，也只是提到了她是自己近 200 名奴隶当中的一员。

对于两人在巴黎期间的关系，萨莉的儿子麦迪逊·赫明斯基于母亲当年的讲述进行了回忆（发表于 1873 年的一份俄亥俄州报纸上）。赫明斯讲述道，1789 年杰弗逊准备举家回到美国时，16 岁的萨莉迎面碰到了杰弗逊，她告诉后者，如果采用法国废止奴隶制的法律，自己就可以作为一名自由女性留在巴黎，要么她就返回弗吉尼亚继续做一名奴隶。她强求杰弗逊承诺，自己如果回到弗吉尼亚，后者会释放自己与他所生的任何子女。是否如麦迪逊所说，萨莉在 1789 年怀上了杰弗逊的孩子，或者她怀上的孩子后来如何，这两点都还没有确切证据。

杰弗逊一方面需要努力处理一系列问题，如新国家的外交事务、美国的思想独立、自己内心关于奴隶制的良知甚至还有自己的感情，另一方面他还面临着作为一名单身父亲的挑战。之前，他到达巴黎后不久，就把帕齐送到了女修道院学校。他还向阿比盖尔·亚当斯（Abigail Adams）保证，修女们不会干涉帕齐的宗教观。波莉到达巴黎后，也被送到了同一所学校，一是与帕齐做伴，二是以她为榜样。两个女儿每周除了在学校的时间，有两个下午会回家看望杰弗逊。同时，杰弗逊给女儿们写信，语气既疼爱又严格，会在信中列出她们在学校的学习内容以及分别花多少时间进行学习、绘画、编织、刺绣以及培养个人卫生和着装习惯。

1788 年初，帕齐 15 岁了，到了叛逆的年龄。可能是修女们的宗教热情感染了她，抑或是她不满于学校纪律而想说服父亲让她离校，帕齐给父亲写了一封信，说自己想改信天主教并成为一名修女。杰弗逊立即开车到学校，给女儿们办了退学，接她们回家一起住。

不管杰弗逊的私事如何分散他的精力，他始终严格对待自己的工作，同时热切地关注着国内动向。他靠从朋友那里得来可靠消息，因此每天早上写信和回信有十几封之多。按照当时的惯例，他和朋友细心地记下每一封发件和收件，因此，杰弗逊很多的信件都是以罗列收发的信件开头。

1786 年，詹姆斯·麦迪逊的一封来信让杰弗逊为之大悦。1785—1786 年间，麦迪逊定期来信告知，自己向弗吉尼亚议会重提了当初由杰弗逊的法律修改委员会所做的报告。麦迪逊让议会强行通过了报告中的几条法案，而最初得以通过的就包括杰弗逊关于废除长嗣继承的法案。

与此同时，杰弗逊关于教会与国家关系的立场遭到反对，并且反对措施意外地引起了一场争论。18 世纪 80 年代，两股不断变动的联盟势力角逐弗吉尼亚政坛。政治和宗教上更加保守的群体追随帕特里克·亨利，而自由人士则支持杰弗逊、麦迪逊和乔治·梅森。1785 年，为了得到弗吉尼亚虔诚的宗教徒的支持，亨利提出议案，使用税收来支付新教圣公会牧师和长老会牧师的薪水；他希望此举可以争取支持杰弗逊和麦迪逊联盟的长老会教徒。

但是，结果却事与愿违。亨利的提案不仅令长老会教徒感到难堪，连浸信会教徒和自由派圣公会教徒都为之恼火。反对提案的请愿一时间充斥着弗吉尼亚议会。其中，詹姆斯·麦迪逊提出了极具说服力的《反对宗教评估的诉状和抗议书》(Memorial and Remonstrance against Religious Assessments)，主张政教分离是必要的，可以使个人、国家和宗教免受腐败的政教联合的影响。弗吉尼亚议会为公众的愤怒感到震惊，驳回了亨利的提案。麦迪逊抓住这个机会，重提了杰弗逊的《宗教自由法令》。弗吉尼亚代表大会删掉了法令中较为激进的几则条款之后，便将其作为法律正式颁布了。

杰弗逊接到麦迪逊的消息后十分欢喜。他亲自监督了《弗吉尼亚宗教自由法令》法文版的翻译，并且印刷了一些副本发放给朋友。该法令在欧洲的重印给杰弗逊和麦迪逊赢得了名声，并且至今在宗教自由的历史上还保留着里程碑的地位。

　　但是，并不是所有消息都像《弗吉尼亚宗教自由法令》一样令人高兴。例如，1786 年，马萨诸塞西部的债务人就因为州议会对他们的困境视而不见而恼羞成怒。经济衰退加上严苛的英国贸易政策，似乎让债务人无路可走。英国官员要求美国人用金银偿付所欠英国债主的所有债务。这项政策引发了多米诺骨牌效应。大城市的商人要求小城镇的商人偿还债务，而后者便开始要求其债务人比如农民这么做。农民偿还不了时，债主便上诉，结果经常是夺去农民的土地、房屋以及个人财产来充当欠款。马萨诸塞的农民恳求议会叫停这种做法，即要么终止法庭开庭，要么发放新纸钞以降低货币价值，以便他们能轻松还债。议会对此表示拒绝，因此 1786 年夏天，数百位农民起而反抗，以拯救自己的家园。

　　这次起义以丹尼尔·谢斯（Daniel Shays）为名，谢斯曾是大陆军的一名上尉，就如英国民间故事里的罗宾汉（Robin Hood）一样成了反抗的代名词。谢斯起义变成一场大的危机。只要是扛得起武器的新英格兰人，四人中便有一人参加起义，这使得南至弗吉尼亚北至新罕布什尔和佛蒙特地区也爆发了类似起义。最终，1787 年 1 月，一支四千多人的马萨诸塞民兵队伍在本杰明·林肯（Benjamin Lincoln）将军的指挥下镇压了叛乱。起义军失败了。

　　几个月之后，起义军失败的消息才抵达欧洲。因此，1787 年初，杰弗逊得到消息时，他只知道起义正如火如荼。杰弗逊

的反应并没有十分热烈。在他看来，这些叛乱就是一个有生机
的民族对自由正当的捍卫，与即使是世界上最好的政府为敌。
1787 年 2 月，他写信给阿比盖尔·亚当斯说："在某些场合，
反抗政府的精神是十分宝贵的，以致我希望总会有这么一股反
抗的力量。反抗也经常会不合理，但如果完全缺乏，情况反而
更糟。我觉得时常具备一些反抗的精神很好，就像大自然时不
时会刮起一阵风暴。"

杰弗逊在 1787 年 11 月 13 日给威廉·S. 史密斯（William
S. Smith）（约翰·亚当斯和阿比盖尔·亚当斯的女婿）和同
年 12 月 20 日给詹姆斯·麦迪逊的去信中，用数学概念解释了
自己为什么没有担心过谢斯起义。杰弗逊推断说，十年内十三
州当中的一个州发生一次叛乱，只相当于一个半世纪内美国发
生一次叛乱，因此他告诉麦迪逊："在这么长的时间内，没有
国家不会有过叛乱。"在写给史密斯的信中，杰弗逊还补充道：
"一两个世纪里，丢失了几条性命意味着什么？自由之树必须
不时用爱国者和暴君的鲜血来滋养。这就是自然的肥料。"杰
弗逊的这番话令后人感到惊讶。他对反叛军的反应表明，作为
一名在海外生活的美国人，杰弗逊已经把美国理想化了，他把
美国人的生活描绘得十分美好，有时甚至沉醉于自己的口
才了。

杰弗逊一方面贬低谢斯起义，反驳美国行将崩溃的谣传；
另一方面，他对邦联实际上的软弱也表示担心，尤其是美国国

债，邦联甚至都没有能力偿还利息。因此，他满怀希望地关注着修订或取代《邦联条例》的动向，并且，当他听说联邦制宪会议①在费城召开并可能出炉一部美国新宪法时，他欣然表示赞同。

　　制定宪法除了与杰弗逊的外交事务相关，其本身也让杰弗逊十分着迷。1776 年，由于杰弗逊在大陆会议中充任弗吉尼亚代表，因此他错过了协助制定弗吉尼亚宪法的机会。在《弗吉尼亚州笔记》当中，他对弗吉尼亚宪法进行过激烈的抨击，希望以此引发该州的宪法改革运动。现在，杰弗逊得到了联邦制宪会议即将召开的消息，意识到自己又将错过一次政府实践的机会。在 1787 年 8 月 30 日给约翰·亚当斯的去信中，他流露出一丝妒忌的心情：

　　　　我于 7 月 19 日才从国内接到消息。此前没有关于邦联国会的任何消息。我不得不遗憾地说，他们进行商讨，就如同捆住成员们的舌头一样，是十分恶劣的先例。这样的行为要解释得合乎情理，只能说他们既无意这么做，也无视公共讨论的价值。我不怀疑他们所有其他的措施都是合理而明智的。他们也确实是优秀人物的集合。

------

　　① 联邦制宪会议：1787 年 5 月 25 日至 9 月 17 日召开，又称费城制宪会议，是美国历史上最重要的事件之一。这次会议原本是为修改《邦联条例》而开，但后来却成为重新设计美国政府体制的机会，产生了完全不同于邦联体制的崭新的政府设计——联邦制，以及人类历史上的第一部成文宪法《美利坚合众国宪法》。——译者

1787 年 11 月，会议完成工作几周之后，杰弗逊分别收到了华盛顿、富兰克林和麦迪逊寄来的草拟宪法的印刷版。杰弗逊进行了专心研究，并根据回信对象的不同在信中提出了不同的观点。1787 年 11 月 13 日，他在写给亚当斯的信件中说：

> 我承认，宪法中有一些内容让我对大会达到的这个结果不敢苟同……事实上，我认为这部新宪法的好处仅仅可能是新增的三或四个条款，用以补充合理且悠久珍贵的《邦联条例》，而后者甚至应该被视为宗教遗物。

杰弗逊写给麦迪逊的信更加充满憧憬。1787 年 12 月 20 日，他深信不疑地表示，自己很赞赏宪法的制衡体制，这种体制使联邦政府的任何两个部门都可以约束第三方。宪法能够平衡各种针锋相对的权利，不管州的大小、是否蓄奴，并且调和各州和联邦政府之间的关系，杰弗逊对此十分"着迷"。他集中批评宪法遗漏的两处：缺乏保障个人自由的权利法案，对总统的连任次数也没有进行限制。

杰弗逊预测，未来的总统选举会是"英国人"和"法国人"的斗争，并且两个国家都试图破坏美国的政治过程。他还警告说："经验加上理性说明，如果宪法允许的话，第一任地方执政官往往都会重新当选。这样他就是一名终身官员了。"

关于权利法案，杰弗逊触碰到了宪法辩论的一根关键神经。1776 年，弗吉尼亚人开创了在成文宪法之前制定权利宣言的想法，此举被各州广泛效仿。权利宣言的目的是阐明政府的基本原则——作为"合理事务"的权利——居民可以利用这些原则对其代表做出评价。对这些权利宣言，美国人十分珍视，欧洲人也十分赞同。因此，美国的草拟宪法不包括权利法案，这一点让杰弗逊大为吃惊和失望。有这种想法的人也远不止他一个。1787 年 11 月 10 日，约翰·亚当斯问他："你对权利法案怎么想？难道权利法案不应该写在宪法文本之前吗？"

很多美国人都支持杰弗逊和亚当斯的想法。缺乏权利法案成为反对宪法的最有力证据，并给宪法的支持者带来了无限烦恼。麦迪逊和宪法的其他支持者自称联邦主义者，他们坚称权利法案就是一个"羊皮纸障碍"，坚定的大多数人完全可以冲破这个障碍；亚历山大·汉密尔顿在《联邦党人文集》（*The Fedrealist*）第 84 篇里也认为，宪法就是一系列的权利，并不需要有一项权利法案，因为宪法没有赋予联邦政府侵害公民权利的任何权力。但这些言论并没有让任何人信服。宪法的反对者被联邦主义者强加了反联邦主义的名头，他们担心联邦政府也许有权做出侵权行为，就连一些联邦主义者如埃德蒙·彭德尔顿也有这样的想法。杰弗逊于 1787 年 12 月 20 日告诫麦迪逊说，即使自由还没有遭受危险，"权利法案可以让人们有权反对世界上任何一个政府，不管是广泛意义上的政府还是某个特定的政府，公正的政府不应该表示拒绝，也不应该依靠推断。"

在 1787 年底和 1788 年，美国人对新宪法意见不一。无论是在国会、州议会、投票点、审议大会，还是在报纸、咖啡馆和小酒馆，人们对宪法的争论都十分激烈。联邦主义者坚持认为宪法应该原封不动地被通过，反联邦主义者则认为宪法只有经过修改才会得到他们的同意。

杰弗逊迫切希望知道宪法的最终结果，因此他为自己迟迟才能收到国内的消息而倍感失望。他每一封收发的信件都要六到八周才能到达。信件往返时间上有间隔，而杰弗逊时时不同的想法又给他带来了麻烦。1788 年初，他写了几封信，说自己希望九个州能通过宪法，这样美国就有一个能处理国内问题的政府了。但是，他也希望其他的州能等到宪法附上权利法案之后再进行批准。

杰弗逊的想法有两个错误之处。第一处是时间问题。作为第六个通过宪法的机构，马萨诸塞宪法审议大会还支持了一项提议，这项提议来自领头的反联邦主义者塞缪尔·亚当斯和约翰·汉考克，联邦主义者威廉·库欣（William Cushing）及同事也表示赞同。而杰弗逊的来信又偏偏在此提议被通过之后。审议大会批准了宪法并通过了一系列的修正案，并提议一旦宪法通过便将修正案提交给第一届国会①。联邦主义者保证会支持这些修正案，反联邦主义者则同意通过宪法。所以这项提议正好打破了要么"如实通过"和要么"通过之前进行

---

① 随着宪法的通过，邦联国会在 1789 年 3 月 4 日解散，由两院制的美国国会取代。第一届美国国会任期为 1789 年 3 月 4 日至 1791 年 3 月 4 日。——译者

修改"的僵局。除了马里兰，每一个州都效仿了马萨诸塞的方案。听到这个消息之后，杰弗逊也就欣然接受这样的结果了。

第二处错误更加让人尴尬。杰弗逊和他的同代人通过信件处理政治事务，这给他们带来了很大的痛苦。他把自己的大部分信件看成私人信件，只为写信的那个人而作，不应被传阅，更不应该在报纸上刊登。他给麦迪逊和其他信任的朋友写信时，用了一套自己设计的代码，这样只有收信人能读懂他的意思。但是，他有时又不这么做，对那些不注重他隐私的人，写得随兴所至，文采飞扬。其中一些通信人便发表了他的信件，让反联邦主义者和联邦主义者为他是否支持宪法而争论不休。

杰弗逊得到争论的消息后，感到十分担心。他本希望提供有用的建议，现在却成为党派之争的焦点。由于自己远在三千英里之外，又有两个月不问党派之事，因此无法解决这场争端。这时，他最好的朋友也出现了分歧，门罗反对宪法，而麦迪逊表示支持，因此事情仍旧悬而未决。

但是，杰弗逊继续督促麦迪逊支持在宪法中加入权利法案。麦迪逊起初拒绝了，重申权利法案只是"羊皮纸障碍"。他还写道，由于制宪者仓促疏忽，缺乏条理，各项权利要么可能会被遗漏，要么可能得不到足够的保护。但杰弗逊并不信服，坚称权利法案是百利而无一害的。1789 年 3 月 15 日，他向麦迪逊保证说："半条面包总比没有面包好。如果我们不能保障所有的权利，就让我们保障我们所能保障的吧。"杰弗逊促成了麦迪逊立场的转变，从怀疑已有的权利宣言到谨慎地支持这类修正案，同时，对于麦迪逊在第一届国会会议中支持修宪的观点，杰弗逊也发挥了作用。

权利法案的另一个用处，杰弗逊也预言到了。在他写给麦迪逊的同一封信中，他表示：

> 在支持权利宣言的观点当中，有一条对我来说很有分量，你却没有提到，那就是权利宣言能赋予司法机构合法制衡的权力。司法机构如果能够保持独立，严守职责，就应该有极大的信心，进行学习并保持公正。

这里，杰弗逊主张的是司法审查理论，即对宪法做出解释的法院有权力以违反宪法为由废除法律或行政行为。美国最高法院宣布限制个人权利的政府行为是违宪的，这个决定就支持了杰弗逊当时的主张。但是，具有讽刺意义的是，在杰弗逊就任总统期间和卸任后，当他面临由首席大法官约翰·马歇尔（John Marshall）领导的具有敌意的联邦司法机关的时候，他却更加怀疑"司法机构的……合法制衡"。

制宪的挑战、欧洲的腐败和痛苦对比美国的美德和幸福以及轰轰烈烈的法国大革命初期，这些都激励着杰弗逊对过去和未来之间以及几代人之间的恰当关系进行思考。1789 年 9 月 6 日，他给麦迪逊写了一封信，承认信的内容只是纯粹的设想。他提出"地球应该一直属于……当下的一代"的主题，并主张任何一代人都不应被前代人的行为所束缚，反之，也不应束缚后一代人。杰弗逊再次进行了计算，得出一代人的平均寿命为 19 年。因此，他推算，任何形式的政府、法律和债务每 19 年就应该更替，这样每一代人就可以自由地建立自己的政府、法律及自由负债。一边是没有继承债务的美国，一个是备受此困扰的欧洲，杰弗逊这种主张的目的正是强化两者之间的对比。

麦迪逊当时正在纽约参与在宪法之下组建政府的工作，他给杰弗逊写了回信，指出每一代人其实都获益于前人的劳作成果，比如公路和桥梁。他还提出，每一代人从事的工作也会让后人受益。他指出了杰弗逊观点中的其他错误，比如每代人接替前代人的时间不会正好是 19 年，杰弗逊也承认了对方的很多观点。但即便如此，在杰弗逊的一生当中，他总会回到这些相互联系的主题上来，即关于自由、重新开始以及束缚新一代的老旧的风俗和法律，并且一遍遍地与多位联系人重提自己所珍视的思想。

看到法国社会的公开腐败和私下的脆弱后，杰弗逊迫切想要警告美国人防范此类错误，这正推动了他对一代人的概念做出的设想。但是，像大多数美国人一样，他相信在法国发生的事情还会继续。在写给约翰·杰伊的秘密文件中，杰弗逊详细解释了作为美国主要盟国的法国面临的问题。他说，路易十六国王太过年轻而且软弱愚蠢，不适合当政，而在奥地利出生的皇后玛丽·安托瓦内特（Marie Antoinette）虚荣、自私又脱离了民众。

几个月以来，路易十六接连雇用和解聘了数位财政大臣。每一位都认识到了解决国家财政危机需要采取的措施：附加在国王最贫穷的臣民身上的不公平的税务应该被废除，并且应该对贵族的地产和收入征税。当大臣提出这些措施时，贵族和教会就联合起来进行反对，大臣丢了工作，公众对这种僵局的愤怒有增无减。因此，在巴黎和乡村地区，抗议和骚乱加剧了。

1788 年，不顾皇后及贵族中保守同僚的反对，路易十六向不可避免的事态低头了。在拉斐特和其他自由派思想者的压力下，他宣布召开三级会议。作为法国一种特殊的代表大会，三级会议的上一次召开还是在 1634 年。1789 年 5 月 5 日，三级会议再次召开，杰弗逊在大厅楼座观看了会议。会议有三个平等团体，代表社会的三个等级，分别是教士（第一等级）、贵族（第二等级）以及民众（第三等级）。

在 17 世纪的那次会议中，第三等级支持的所有提议都遭到了第一等级和第二等级的反对。但是这次，民众代表绝不接受这种情况。民众坚持认为，用自由派神职人员西哀士神父（Abbé Sieyès）的话来说，第三等级代表的是整个国家，而不是其三分之一。1789 年 6 月 17 日，第三等级自称他们的会议是国民议会。所以，僵局一直持续，杰弗逊也在密切注意着态势的发展。但是，接下来发生的事情，即使是杰弗逊也没有料到。

教会和贵族反对国民议会，因此说服国王将其解散。1789年6月20日上午，第三等级代表来到三级会议的举办地，却发现他们被关在会场之外。代表们怒不可遏，占领了一处废弃的室内网球场，召开了国民大会，并发誓如果要求得不到满足，便不会解散（不久被称为"网球场宣誓"）。代表们的反抗激发了人们的想象。6月27日，路易十六屈从了，国民会议被赋予了合法地位。

但是，皇后及其贵族同党拒绝让步。7月11日，他们说服路易十六解聘最新一任财政大臣，即瑞士出生的雅克·内克尔（Jacques Necker）。在解决财务危机上，内克尔并没有比其前任有更多作为，但人们却认为他深受自私的教士和贵族之害。1789年7月14日，巴黎的几个区发生暴乱。暴乱市民群情激愤，因为政府无视他们的需求，尤其是对基本生活保障①的需求，并且政府没有能力也不愿意帮助他们。

每一伙暴乱者都袭击了一处不同的门楼，海关官员通常在此地为进城的运粮车队征税。在一家户外小餐馆，律师卡米尔·德穆兰（Camille Desmoulins）跳上餐桌，号召大批周围群众采取行动。民众一边大声附和，一边向巴士底狱行进。巴士底狱曾经被历代法国君主辟为要塞，现在是一座军火库。行

---

①　法国大革命前夕，自然灾害、经济危机及增税措施等导致民众负担加重，面包价格大幅上涨，饥荒蔓延。——译者

动方案传开，其他的暴乱群众也一同赶去，并联合攻克巴士底狱，杀害了守卫士兵及监狱长，监狱长落得身首异处的下场。之后，巴士底狱被拆毁，发布这个命令的，正是深受民众欢迎和声称为民代言的政治家拉斐特侯爵。拉斐特还让托马斯·潘恩，即《常识》的作者和民主革命的强烈支持者，把巴士底狱的钥匙转交给乔治·华盛顿。（直到今天，那把钥匙还放在弗农山庄华盛顿家中的一个特别的盒子里。）

1789 年 7 月 14 日，几路愤怒的巴黎市民汇合并攻占了巴士底狱。时任美国驻法公使的杰弗逊大为吃惊，但热忱迎接了由巴士底狱陷落带来的法国大革命

　　这场危机让困扰法国的问题立刻有了回旋余地。一旦路易十六被迫接受国民议会，并且放弃马赛而启用巴黎的杜伊勒里宫，议会便开始在法国实行君主立宪制，即国王受法律约束。自由派贵族和教士加入国民议会，情感上对事业十分投入；1789 年 8 月 4 日，国民议会废除了法国社会的整体结构，互为独立的三个等级被取消。贵族和教士不再享有特权和特殊待遇，每一个人都是法国的公民。

　　拉斐特和支持者们改革法国政府的同时恳请杰弗逊提供建议。作为一名弗吉尼亚人，又是一位国外来的外交官，杰弗逊应该保持中立，并且不干涉东道国的内政；他自己也反复向法国和美国当权者保证不会违背职责。但是，杰弗逊在巴黎的家中与一些领头人物会面，双方的稿件表明，他发挥的作用比自己所愿意承认的更为积极。比如，杰弗逊大量参与起草了法国大革命最著名的文件——《人权和公民权宣言》，国民议会之后于 1789 年 8 月 26 日颁布。

　　在杰弗逊看来，法国正在走美国革命所走过的路。法国力图建立君主立宪制并且学习美国的经验，这令杰弗逊十分欣喜，同时，他也希望法国能够为其他欧洲国家引领方向，这些国家中甚至包括英国。经常来往于英法两国的托马斯·潘恩与杰弗逊一样，也憧憬着世界范围内民主革命时代的到来。

　　但是，美好的表象之下藏着暴力和混乱的隐患。1789 年 4

月，在一场被称为"通宵骚乱"①的事件中，军队朝一群愤怒的暴动市民开火；杰弗逊没有亲眼目睹这场事件，但他向约翰·杰伊的叙述冷静平淡，表示支持军队的严厉措施，杰弗逊对巴黎的穷人不甚同情，他并不明白穷人事实上有能力掌控首都事态的发展。

1789 年 9 月，杰弗逊谈到有民众被骚乱者砍头的血腥场面时，半开玩笑的语气中透着不安。他在自家的窗户上装上栏杆，以防范日益严重的犯罪行为。但即使如此，他对法国的事态还是持积极态度。当月，在谈判《领事公约》（Consular Convention）之后，杰弗逊于 1788 年 11 月提出的要求终于得到联邦国会通过，准许他再请一次假。杰弗逊想把女儿们带回弗吉尼亚，并处理一下自身堪忧的财务状况，但他仍希望并做好打算回到法国担任公使。可是，自 1789 年 9 月底离开巴黎，他却再未回来过——虽然当时他自己并没有想到。

1785 年 6 月 17 日，杰弗逊催促门罗到访欧洲时说：

> 这趟旅行可能不会像你想得那么有趣，但肯定会比你认为的更加有用。它会让你喜爱自己的祖国，喜爱它的土地、气候、平等、自由、法治、人民及风俗。我的天啊！我的同胞们是多么不了解自己的福祉，这是世界上其他人

---

① "通宵骚乱"：法国大革命初期第一次暴力抗争，发生在巴黎圣安东尼区的一家壁纸工厂，由于谣传厂长降低工人工资而引发骚乱。事件名为"Reveillon"，实为厂长名字，法语意为通宵，所以也称"通宵骚乱"。——译者

都享受不到的。我承认过去我自己也没有想到……

这封含义深刻的信件显示出杰弗逊在欧洲的经历对他的巨大影响。他每到一处,都看到了君主和贵族带来的腐败和不利影响。农民的床板、坑洼的道路以及城市生活的邋遢和危险无不体现了这些罪恶。到访欧洲之前,杰弗逊从未见过一个比费城大的城市——费城在18世纪80年代初人口达到了三千左右。相比之下,巴黎和伦敦就像庞然大物,多达几十万的人口和一系列的城市问题让杰弗逊反感,也让他日后站在了城市的对立面。

杰弗逊对欧洲的日益失望以及对旧世界的推论,在未来的几十年里深深影响了他。他在18世纪90年代的著述中谈到君主和贵族精神正在腐蚀美国政治,便是这些观点的反映。同样,受到这些观点的影响,在他的大多数同胞早已放弃支持法国大革命的时候,杰弗逊仍为之大声疾呼。他对共和制和平等近乎狂热的追求,以及对自由和共和政府之敌所怀的仇恨,因为这些观点也可见一斑了。1789年底杰弗逊准备回国之际,他决心践行一套系统的世界观——用他的话说,是思想体系——就是这套价值观塑造了他日后对世界的看法以及对自己所处位置的认识。但讽刺的是,杰弗逊思想体系的另外一面也相伴而来。在这个层面,托马斯·杰弗逊自己就最好佐证了一名美国人在欧洲生活的危险。除了培养起对昂贵的书籍和欧洲佳酿等奢侈品的兴趣,欧洲生活给杰弗逊带来的恐惧和怀疑让他的余生不堪其扰。

第五章

"党派自称为联邦和共和"

(1789—1793 年)

1789 年 11 月 23 日，托马斯·杰弗逊带着家人及在法国一起生活的仆人和奴隶抵达了弗吉尼亚的诺福克。杰弗逊计划在家只停留六个月的时间，但是，乔治·华盛顿总统的一封问候信却告知杰弗逊，他已被提名并确定为美国的第一任国务卿。在华盛顿的敦促下，杰弗逊同意接受这个职位。

自 1784 年杰弗逊派驻法国以来，美国国内的形势已经发生了很大变化。18 世纪 80 年代中期的重重危机①，以及宪法制定和修改的诸般努力，使美国政坛和政府形式历经更迭。邦联国会宣布联邦宪法生效后，开始在新宪法之下组建政府，与原有《邦联条例》所建政府进行过渡。1789 年 4 月，随着乔治·华盛顿全票当选为美利坚合众国第一任总统，以及第一届联邦国会在纽约召开，人们对新政府的运作充满热切的期待。

---

① 在邦联体制之下，邦联国会在处理州际和邦联事务时缺乏相应权威，十三个独立州各自为政。经济上内外交困，社会和政治动荡，建立一个有效的且权威上高于各州政府的政治机制迫在眉睫。——译者

国务卿杰弗逊不得不承担起规划美国国际角色的任务，而围绕法国大革命的日益激烈的冲突使得局面十分复杂。与此同时，杰弗逊作为华盛顿的内阁成员，也参与商讨国内事务。在这两个方面，他与财政部长亚历山大·汉密尔顿的摩擦日益加深。两者的分歧影响并反映了美国政坛更大的冲突，以前的同盟开始倒戈，因此，可以说杰弗逊是他后来自称"联邦和共和两党"之争的关键因素。

组建政府的艰巨任务需要举全国精英之力，其中就包括托马斯·杰弗逊和约翰·亚当斯。但是，两人的驻外经历却让他们难以适应国内的政治生活。过去的这些年里，他们不是与君主和贵族打交道，就是处理法庭事务或出席社交聚会，这与他们知晓的本国情况截然不同。当然，他们俩所面临的具体难处还是不尽相同的。

曾经对欧洲及其贵族习惯持怀疑态度的亚当斯如今确信，头衔和身份是加强政府的必要手段，对新旧世界都是如此。但是，令亚当斯极不自信的是，他的副总统一职似乎只是制宪者的事后聪明。他试图通过对议会程序和古典判例进行详细阐述，树立自己作为参议院议长①的权威，但令他成为一时笑谈的是，他的副总统身份始终徒有虚名。

而对于杰弗逊来说，得益于自己的外交经验，他十分重视

---

① 约翰·亚当斯于 1789 年至 1797 年担任美国第一任副总统。根据美国宪法相关规定，副总统兼任美国参议院议长一职。——译者

新旧世界的差异。回忆起法国的贫富差距以及法国政府的腐败，他描绘出美国生活的理想画面，并且希望美国永远不会重蹈覆辙。法国大革命的开端让他神往也给人希望：自由派贵族——像他自己那样的人——支持民主，反对君主和贵族的特权习俗，带领人们走向自由之路。杰弗逊回国，就是要决心推进这项崇高的事业。

因为要为 17 岁的女儿玛莎（帕齐）与托马斯·曼·伦道夫（Thomas Mann Randolph）举办婚礼，杰弗逊推迟了从蒙蒂塞洛出发的时间。直到 1790 年 3 月 21 日，他才来到美国的临时首都——纽约——走马上任。在这里，他有关美国的设想受到了挑战。他无法再相信所有的美国人都是反对腐败的诚实农民。据杰弗逊年老之后回忆说，自己在纽约看到了绝望的场景。令他难以置信又惊恐万分的是，美国人似乎在模仿欧洲的贵族习惯，并对君主政府大加颂扬。杰弗逊觉得，危险已经很清楚了：腐败已经生根；急切要创建新国家的美国人接受了错误的政治模式，即君主政体。革命成果和人民自由将岌岌可危。

纽约已经成为一座充满焦虑的城池。政客们对于如何启动运行政府感到十分惶恐，他们面临的一个重大的考验就是如何展示自己。如果想被人民视为领袖，就必须表现出值得信任的品质：不能太沉迷于奢侈的享受，如过于考究的服饰或驾车的众多马匹，否则就有可能被视为共和政府傲慢的敌人而遭到唾弃。从这个时候对杰弗逊的描写可以看出，他的着装和举止便体现了对这个新生国家贵族习惯的无声批判。

比如，1790 年 5 月 24 日，杰弗逊曾作为证人出席关于美国外交官工资的一次参议院委员会会议。其中一名来自宾夕法尼亚的参议员威廉·麦克莱（William Maclay）与杰弗逊一样，对首都自命高雅的做派感到失望。麦克莱在自己的日记中，记录了他对这些人及其行为方式的印象。他对政府里的所有大人物都观察得细致入微，很少有人给他留下好印象，包括杰弗逊在内。麦克莱指出，杰弗逊"对人很是生硬"，"穿的衣服也太小"，坐在位子上一副无精打采的模样。他还写道：

> 他看起来散漫，神色茫然，丝毫没有一位国务卿或部长应该具备的笃定和沉着。我试图找到庄重的影子，看到的却是漫不经心。他讲话几乎喋喋不休，但他的话语同样反映了他的行为特点。他说话听起来总是意义含糊、不着边际，但是，不管去哪儿他都这么讲话，有时一些精妙的想法却也让他光彩照人……

麦克莱的描写与法国雕塑家让·安托尼·乌东（Jean Antoine Houdon）和美国画家查尔斯·威尔森·皮尔（Charles Willson Peale）笔下的杰弗逊是十分对立的。乌东雕塑的胸像是刻画杰弗逊最好的作品之一，只见杰弗逊着装完美，高昂着头，个人及其才智的自信一览无遗。皮尔的作品也展示了一位自信满满的中年男士，着装和发型都精心而为，但又透着简单，还有两个最吸引人的特点：一头红发和一双敏锐的淡褐色眼睛。

　　杰弗逊需要积聚这种自信，因为他担任的是新式政府体系中一个全新的岗位。虽然理论上来说，杰弗逊是国家的首席外交官，但他发现华盛顿总统决意要当他自己的国务卿，虽然他经常征求杰弗逊的意见。国会给国务院分配了其他工作，比如管理邮局、给发明人颁发专利以及制定货币、重量及度量等联邦标准。最后一项指令引起了杰弗逊的科学兴趣，1790 年 7 月 13 日，他向国会提交了一份报告，这也成为他最重要的官方文书之一。国会采用了他的十进制货币（1 美元＝100 美分）的提议，但关于创建重量和度量标准，国会拒绝了他提出的类似于日后法国采取的公制的想法。

　　华盛顿会定期征求首席大法官约翰·杰伊及国会领袖的意见，尤其是众议院议员詹姆斯·麦迪逊。他与行政系统的主要官员进行定期磋商，也就是我们所说的"内阁会议"，会议成员主管国家、财政、战争事务，还包括总检察长（司法部直到 1870 年才建立）：国务卿托马斯·杰弗逊、财政部部长亚历山大·汉密尔顿、战争部部长亨利·诺克斯和总检察长埃德蒙·伦道夫。内阁中最能干的成员当属杰弗逊和汉密尔顿，两人在体形、性格、口才和思想上都截然不同。而汉密尔顿抓住时机，被公认最得总统信任。

汉密尔顿比杰弗逊小十来岁。他于 1755 年出生在西印度群岛，父亲是苏格兰人，母亲是法国人，汉密尔顿虽然是非婚生子女，却凭借非凡的才能走出贫困，声名鹊起。早在国王学院（今哥伦比亚大学）求学时，汉密尔顿就站在美洲一边，投身于革命的文笔之战。反效忠派的骚乱爆发使得学校被迫关闭，还未完成学业的汉密尔顿用自己的积蓄组建了第一个纽约炮兵团，任炮兵上尉。

1777 年 1 月，汉密尔顿由于才智超群，被华盛顿任命为侍从武官，担任陆军中校。四年时间里，他成为华盛顿的左膀右臂。1781 年 2 月，两人发生争吵，汉密尔顿辞去了职位；但同年 10 月，在约克镇的关键战役中，华盛顿又任命汉密尔顿为战场指挥，后者也表现英勇，不负众望。

1782 年，汉密尔顿刚离开部队便获得进入纽约律师界的资格，并被任命为纽约驻邦联国会的代表。他精力充沛，为人坦率，有时缺少圆滑，在整个 18 世纪 80 年代都是支持国家宪政改革的领头人物。在 1787—1788 年的批准宪法的争论中，汉密尔顿不仅领导了纽约的联邦党人，还与麦迪逊和杰伊写作了一系列报刊文章，称为《联邦党人文集》。华盛顿任命他为财政部部长，此前，来自宾夕法尼亚的参议员罗伯特·莫里斯（Robert Morris）曾拒绝此项任命。

起初，汉密尔顿和杰弗逊的合作真诚而友好。两者都认为美国的最大问题是令人咋舌的债务负担，其中又可以分为两

亚历山大·汉密尔顿，杰弗逊最主要的对手，
美国第一任也是最伟大的财政部部长，
是主张对宪法进行宽泛解释的首要人物

类：国家债务及各州向国内外债权人的借债。联邦政府负责偿
还邦联国会的欠债，但是，虽然有些州还清了大多数或全部欠
款，有些州却坐视不理。这些州一级的债务成为各州之间持续
争论的焦点，同时也是美国官员与其他强国谈判时引起无限问
题的来源。

　　1790 年 1 月 14 日，汉密尔顿向国会提交了自己的第一份

《关于公共信用的报告》（Report on the Public Credit），阐述了一部分解决方案。联邦政府可以接管各州债务，并与联邦债务合并，然后下发证券——如储蓄公债一类的可以代替现款的正式文书。证券的收益可以逐步抵消积累的国债，而剩余的国债由于采取了在经济中循环的证券形式，就可以支持国家货币，促进经济增长。

当年春天，基于汉密尔顿的报告，国债法案在国会的讨论陷入僵局。据杰弗逊回忆说，当时他正要去总统的房间，碰到了汉密尔顿，后者看上去十分憔悴又愁眉苦脸，"陪着我在总统门外来来回回走了半小时"，解释说如果法案不通过的话，整个国家在国内外的信用都会遭受风险，联邦也会受到牵连。

这些观点对杰弗逊震动很大，让他想起自己驻外时美国债务问题给他带来的麻烦。为了找到一个折中的方法，杰弗逊主动提出宴请汉密尔顿和麦迪逊（法案的主要反对者）。晚宴期间，麦迪逊同意不再主动反对国债法案，并愿意余出足够的投票让法案以绝大多数选票得到众议院通过。作为交换，汉密尔顿同意支持在弗吉尼亚和马里兰州之间的波托马克河沿岸选择一地作为美国首都的永久所在地。对杰弗逊、麦迪逊和华盛顿等弗吉尼亚人来说，这个方案十分合心意，联邦政府将于 18世纪 90 年代末迁往费城，并于 1800 年搬到永久地址。

为什么选择永久首都会如此受到争议，以至于麦迪逊和杰弗逊愿意在国债法案上让步？从美国建国开始，大陆会议和邦联国会就不断搬迁，政府的脆弱显露无遗，国内和欧洲的美国官员也倍感尴尬。为了寻求稳定，联邦制宪会议制定了一个宪法条款，即选择一个面积"十平方英里"的地方作为联邦政府的永久所在，但宪法并没有说明具体选址。1788 年，宪法得到批准之后，邦联国会围绕选址问题唇枪舌战，两个多月后仍旧无果。10 月 10 日，邦联国会放弃了；新政府将首选纽约，也就是自 1784 年以来邦联国会召开的地方。

1789—1790 年，国家的政治环境使永久首都的争论变得十分激烈。选址涉及很多关键因素：土地投资的价值、所在城市借此获得的商机，还有塑造政治和国家特点的更深层次问题。如果首都选定在费城这样的已建成的城市，那么，在新英格兰、纽约和宾夕法尼亚占主导的商业和金融利益便会最大化地影响国家政策的方向以及国家特点的界定。如果选址在农村地区的新城市，则南部州占主导的农业利益将成为最大的支配因素。因此，永久首都的争论也是一个区域危机，是联邦在宪法之下面临的第一次危机。杰弗逊认识到了这个危险，认为选址在农村会保护人民的美德并维系共和政府。出于这个原因，当汉密尔顿同意在波托马克河沿岸选址时，杰弗逊认为是自己出力达到了这个最好结果。

在创建联邦城的法令颁布之后，杰弗逊与法国出生的陆军少校皮埃尔·查尔斯·郎方（Pierre Charles L'Enfant）一起，由华盛顿任命对首都布局进行规划。此外，杰弗逊选择了本杰明·班纳克（Benjamin Banneker）协助郎方，前者曾经是一名奴隶，后因自学数学成才。班纳克曾对杰弗逊在《弗吉尼亚州笔记》中的种族观点提出挑战；为证明自己的能力，他还送了一份历书给杰弗逊，历书里包含了班纳克对太阳和月亮起落、月相、亏蚀和潮汐等时间的精确计算。1791 年 8 月 30日，杰弗逊回应说：

> 没人比我更愿意看到你的证词，即自然已赋予了我们的黑人兄弟与其他肤色的人拥有一样的才能，即使他们看起来不具备这些才能，那也仅仅是非洲和美洲的恶劣生存环境所致。我还能保证，如果他们存在智力低下或其他一些不可忽视的情况，没人比我更热切地希望看到一个好体制的开始，以把他们的身心环境改善到应有水平。

但是，1809 年 10 月，杰弗逊写信给他的朋友、诗人兼旅行家乔尔·巴洛（Joel Barlow），表示怀疑班纳克制作的历书有他人参与。

1790 年夏天，杰弗逊和汉密尔顿开始出现最初的分歧。西班牙以自己的领土被侵犯为由，在加拿大的努特卡湾扣留了四艘英国船只。一旦两国交战，各自的殖民地区都会遭受战乱，威胁到美国的利益。当英国和西班牙向美国申诉时，杰弗逊希望可以让双方在贸易和土地上做出让步。汉密尔顿得到华盛顿和杰弗逊的支持，与英国的一个秘密官员即陆军少校乔治·贝克威思（George Beckwith）进行会面。但是汉密尔顿却进一步跨越职权，向贝克威思暗示说，如果杰弗逊对英国采取的立场太过强硬，自己会出面干预，但这些话他并没有告诉总统和国务卿两人。当年秋天，由于没能得到法国的支持，西班牙释放了英国船只，两国达成一致，每个国家均可以在未占领的土地上从事活动。

杰弗逊和汉密尔顿的矛盾公开始于国内的政策。1791 年 2 月，国会通过了建立美国银行的法案。建立银行是汉密尔顿在其 1790 年《关于建立国家银行的报告》（Report on a National Bank）中所提方案的基石，即银行应该是美国经济的中心机构，其职责包括管理已经合并的美国债务、为投资者发行可供购买的证券、调节证券贸易以及监管国家货币的价值。但是，由于宪法并没有赋予联邦政府特殊的权力来建立银行，华盛顿在是否签署此法案的问题上，向内阁征询意见。杰弗逊和伦道夫坚持认为宪法只是赋予了政府特定的权力，以及执行这些权力所需的附加权力。由于建立银行不是宪法批准的权力，也并不是宪法之下实施任何权力所必需的，因此法案违宪，华盛顿应该进行否决。

华盛顿对此举棋不定，他让汉密尔顿去回答伦道夫和杰弗逊的观点，并让麦迪逊起草一条否决的公报。汉密尔顿在一天之内写出了一份篇幅很长但才思巧妙的报告。像杰弗逊和伦道夫一样，他也强调宪法的条款，即国会被赋予了所有"必要和恰当"的权力以执行其特定权力和履行其特定职责，但是汉密尔顿主张"必要"意为"有用"或者"合适"。如果一项权力达成了宪法当中的一个既定目标，或者有助于实行另一项被赋予的权力，则这项权力便没有被宪法禁止，也即符合宪法。然后汉密尔顿说明，建立银行可以帮助实现宪法设定的许多目标，并且宪法里没有任何内容是禁止这一点的。华盛顿被汉密尔顿说服，签署了法案。汉密尔顿和杰弗逊之间关于宪法解释的争论一直延续至今，他们对宪法"严格"和"宽泛"结构的阐释也是迄今为止最有影响力的。

　　在这之后，杰弗逊和汉密尔顿的冲突更加频繁而激烈，而他们的个人性格也十分不合。汉密尔顿身材稍矮，略显瘦削，有一种前炮兵军官的笔直姿势；而瘦长的杰弗逊却显得有些低头垂肩（麦克莱曾这么形容过）。汉密尔顿是一位娴熟的演说家，演讲充满力量和激情；杰弗逊却不善辞令，不爱公众演讲。汉密尔顿唐突简慢，缺少圆滑，并有些好斗；杰弗逊则圆通得体，安静温和。最后，汉密尔顿由于出身寒门，靠自身的天赋和奋斗成名，因此对别人有些不信任；杰弗逊则出身贵族，一直认为人民是美德和智慧之源因而值得赞颂。两人对新国家所需的政府形式有着不同的看法，各自在褒奖自己的看法的同时十分反感对方的观点。两人同意，宪法是政府的实践，实践成功与否会决定人类是否能实现自治，他们也同意，实践是否会成功还存在疑问。但是这些相同的看法却让一个问题亟待解决：谁的看法会胜出？

杰弗逊害怕汉密尔顿的方案会与宪法严重不符。就像他所看到的，汉密尔顿不想让联邦政府束缚于宪法的框架之下，而是想把它变成英国政府的翻版，即建立在债务、腐败和权势上的政府。杰弗逊指责道，汉密尔顿的目标就是要把富人和名门与政府联合在一起，牺牲人民的利益，由此建立腐败的贵族，破坏作为共和政府之基础的美德。

杰弗逊坚持认为，只有共和国才能维护自由，只有人民的美德才能维系共和国。他主张，农业是共和国美德的真正基础。就像他在《弗吉尼亚州笔记》中所写的那样，"如果上帝真的有选民的话，在土地上劳作的人民就是当之无愧的，上帝已经在他们心中存放了重要且真实的美德"。杰弗逊认为，要维护自由，政府就必须尽可能地贴近人民。对他来说，这意味着政府的放权，把处理国内事务的权力不是放在遥远的联邦政府，而是下放到各州，因为各州才是最贴近人民的。

对比之下，汉密尔顿觉得自己与地方的利益和偏见无关，他是国家利益的真实拥护者。他反对别人说自己对农业持有偏见，并主张要建立平衡的经济，以农业、经济和制造业为基础，且三者相互支撑。他对州政府应对国家问题的能力表示怀疑，坚持认为只有建立全国性的强大政府，才能有效地捍卫美国的利益。最后，汉密尔顿并不认同杰弗逊对于人民的智慧所持有的信念，也不认为把富人和政府联合在一起会滋生腐败的贵族及破坏自由。

两人的分歧还体现在美国在国际事务中的角色上。西方世界被划分为分别由英国和法国领导的两个阵营。杰弗逊主张支持法国，反对英国，因为商业和投机已经使英国腐化并破坏了英国的自由。另外，杰弗逊还警告说，因为仍对美国充满敌意，英国正在设计阻碍美国商业的计划。杰弗逊害怕汉密尔顿的方案会让美国屈服于这个危险而腐败的国家，而美国人民刚刚从这个国家获得独立。他还进一步认为，由于法国的武器和贷款为美国赢得独立发挥了关键作用，所以出于感激，以及从两者一致的价值观出发，美国应该忠实于法国。最后，他认为法国大革命的理想——自由和平等——也正是美国革命的理想。他声称，由于英国站在法国大革命的对立面，因此它不仅是美国的敌人，也是与全世界人民的愿望为敌。

相比之下，汉密尔顿认为自己的财政方案能让美国经济得到强劲发展，并使这个新生国家赢得世界范围的尊重。他强调说，英国作为世界最大的海上强国，最有能力阻碍美国贸易并进攻美国领土。像其他联邦党人一样，汉密尔顿不信任法国大革命，认为它催生的社会力量会破坏宗教、道德及良好秩序。出于这些原因，汉密尔顿敦促美国保持中立，并重新思考是否需要与象征专制和谋杀的政府建立联盟。

一旦法国大革命成为美国国内的关键问题，杰弗逊便成为这场冲突的标志。杰弗逊私下里发表自己的观点，本来是要避免争端，却没想到这些观点公之于众后给自己带来了极大的尴

尬。比如，1791 年，他写了一封私人信件给 J. B. 史密斯
(J. B. Smith)，即托马斯·潘恩的出版商，称颂潘恩为捍卫革
命所写的《人的权利》(*Rights of Man*) 是对"泛滥的政治邪
说"发起的反击。但令杰弗逊大为震惊的是，史密斯在没有征
得杰弗逊同意的情况下，把这封信作为《人的权利》的美国版
序言进行出版。

很多美国人在法国大革命面前退缩不前，但杰弗逊却一直
为法国大革命辩护，把其他人所认为的暴行，如骚乱、屠杀和
大规模死刑，归因于新式的机器——断头机。1793 年 1 月 3
日，他斥责自己的朋友兼门生威廉·肖特对法国大革命的谴
责，尽管后者亲眼目睹了这些可怕的事件。杰弗逊公开表示大
革命是"必要的"，虽然"很多有罪之人没有受到审判，而无
辜之人却受到牵连"。他把这些无辜人民的死亡比作战场的
伤亡：

> 使用人民这种武器是必要的，这种武器不像弹丸和炮
> 弹那么盲目，但又在某种程度上有盲目的本质……整个地
> 球的自由都取决于竞争的问题，而赢家每次的诞生是否都
> 未曾沾染过无辜的鲜血？为这场事业献身的烈士让我十分
> 悲伤，但是如果事业失败了，那地球上至少有一半地方会
> 沦为荒芜。如果每个国家最后只留下亚当和夏娃，并且他
> 们能够享有自由，那样的结果也会好于现在。

杰弗逊反对那些关于法国大革命残害无辜的立场。他坚

称，比起大革命清除旧体制的代价，旧体制给法国人民带来的苦楚要大得多。

值得一提的是，法国大革命开始让杰弗逊和约翰·亚当斯分道扬镳。在亚当斯写作的《捍卫立宪政府……》(*A Defence of the Constitutions of Government...*)（1787—1788）和《与达维拉对话集》(*Discourses on Davila*)（1790）这两本有争议的书中，他主张有些国家更加适合自治制度。比如，美国人已经实行自治近两百年，在他看来，只有像这样的在政治上成熟而有经验的人民才能够承蒙自由政府的恩惠并同时承担其责任。

法国人经历了几个世纪的腐败的君主制，因此缺少让共和国运行的知识，并且也不习惯这么做。而杰弗逊坚持认为所有民族都有权利进行自治，不管他们以前经历过什么样的政府，都能够、必须并且某一天必定会取得美国革命的成就。杰弗逊赞扬潘恩所著《人的权利》的信件，就是把亚当斯的《与达维拉对话集》作为自己所称的"邪说"和"君主主义"的典型加以攻击。所以，杰弗逊为自己的信件被发表而窘迫不安的另一原因，就是他与亚当斯的争论被公之于众了。

困扰华盛顿内阁的诸多分歧反映并影响了国会之中以及美国国内更为激烈的争端。参议院支持政府，但是众议院却有分歧。麦迪逊逐渐加入反对者的阵营，与总统华盛顿的关系趋于恶化。汉密尔顿的同盟在众议院又是支持政府的。杰弗逊和汉密尔顿都极力争取与国会志同道合的议员结为盟友，也因此把党派的积怨扩大到整个政府的范围。

由此，在 18 世纪 90 年代早期，形成了两个相互对立的政治团体，为美国的国内外政策争论不休。华盛顿政府的支持者自称联邦党人，认为他们才是 1787—1788 宪法支持者的真正继承人。他们的对手自称共和党人，支持杰弗逊和麦迪逊，认为支持自由和共和政府的是自己而非联邦党人。他们借政治和社会平等反对联邦党人，提倡我们现在所认为的"民主"的价值观。因此，虽然杰弗逊从他的私生活、喜好和习惯来说是弗吉尼亚贵族绅士的典范，但在其政治生活当中，他却是朋友和敌人眼中民主的象征。

随着法国大革命给法国和战后欧洲带来破坏性影响，杰弗逊的敌人认为他过头了。他们指责道，杰弗逊与最激进的法国领袖一样，对良好秩序和宗教机构充满敌意，并且他想把法国遭受的苦难施加在美国人民身上。而与此同时，杰弗逊的支持者却歌颂他是代表人民权利的无畏的领袖，也是反对汉密尔顿财政措施之腐败的中坚力量。

杰弗逊的立场又是什么呢？他十分反感汉密尔顿的政策，指责说腐败的美国贵族会因此滋生，从而破坏美国自由和共和政府。杰弗逊像支持自己的大多数激进者一样，甚至也认为汉密尔顿的每一条财政方案和政府纲领都暗示着君主制和贵族制的威胁。他确信应该以农业立国来维护国家的美德和自由。这一点尤其与汉密尔顿在其 1791 年的《关于制造业的报告》(Report on Manufactures) 中提出的观点相冲突,即美国必须鼓励工业的发展,以在全球经济中获得与英国和欧洲的竞争优势。但杰弗逊在多大程度上提倡民主呢?在这类问题上,杰弗逊保持着一种审慎的沉默,让他的支持者自我定夺。就像他后来告诉约翰·亚当斯所说的那样,他相信建立在"美德和才能"之上的"人们自然而生的贵族气息"。

但是,这个观点并不是杰弗逊自己的看法,而是美国人眼中的杰弗逊所象征的意义。他们相信杰弗逊代表了这样一个国家:所有人都可以在国家政府发出声音,任何人都不会因为出身和后天教养而享有特权。

随着国家划分为联邦党人和共和党人,每个团体都以最糟糕的名字称呼对方:"党派"。大多数美国人害怕党派的概念,他们认为一个社会应该团结一致,致力于社会公德,因此把党派看成野心勃勃、为一己之私而争权夺利的团体。更糟糕的是,党派是共和国的危险信号;如果共和国的政坛由党派主导,那厄运便指日可待了。18 世纪 90 年代的"党派"与现代的政治党派不同,后者是把从政作为全职事业的有组织性且自律的人士;而以前的党派则是"党派联盟",即不断转变的政客联合体,追求其自身一致认同的美国发展目标,反对敌人所代表的立场。

在这样一个不稳定的政治环境中,性格和名声是至关重要的。政客们的前途往往取决于民众对他们这方面的判断。因此，政客们热切甚至拼命地搜寻对方的信息。他们沉湎于政治的流言之中，而杰弗逊深谙此道。他非常善于"搜集"公众意见，并帮助传播其反对者的言行以攻击他们的地位。他会随手记下报道、轶事甚至谣言以供日后使用。他相信这些记录会照亮早期共和国朦胧的政坛，揭露联邦党人是支持君主制和反对民主的危险人物，而共和党人则是国家的卫士。

在 1811 年杰弗逊讲给本杰明·拉什（Benjamin Rush）的一则故事中，他描述了与亚当斯和汉密尔顿一起进餐的场景。三人的谈话内容转向了英国体制。亚当斯坚称清除了腐败的英国体制是最完美的政府形式，汉密尔顿回答说腐败正是英国体制运行的基础。后来，汉密尔顿注意到墙上装了框的三幅肖像画，便问杰弗逊那几个人是谁。杰弗逊把他们称为"我认为的世界上迄今为止最伟大的三人组"：科学哲学家弗朗西斯·培根勋爵，阐述万有引力定律的艾萨克·牛顿爵士，及自由和人类心灵的哲学家约翰·洛克。杰弗逊回忆说，汉密尔顿"停顿了一会儿，说'有史以来最伟大的人是尤利乌斯·恺撒'"。一些学者坚称杰弗逊正确地察觉出汉密尔顿想成为美国的恺撒的愿望；另一些人则认为汉密尔顿是在用培根的伟大品格测试来赞扬恺撒——最伟大的人是国家和共和国的创建者，比如恺撒；还有一些人推测汉密尔顿表现的是一种恶作剧的幽默感，是恣意而为，用以刺激学究气且一本正经的杰弗逊。

1791 年，查尔斯·威尔森·皮尔为托马斯·杰弗逊
所作的肖像画。担任国务卿的杰弗逊时年 48 岁，在决
定美国宪政实践的命运上，与亚历山大·汉密尔顿
开始了激烈的斗争

在新政府建立的最初几年，杰弗逊和麦迪逊一致反对汉密
尔顿的方案，奠定了一个新的党派联盟的基础。1791 年 5 月
国会休会期间，他们同游了北部各州。杰弗逊坚称这只是自然
历史的探险。但在汉密尔顿的家乡纽约州，这两名弗吉尼亚人
与汉密尔顿的主要对手罗伯特·R. 利文斯顿和阿伦·伯尔
（Aaron Burr）会面了，目的是联合反对汉密尔顿的政策。联
盟需要新闻界的声音，而汉密尔顿有一个强有力的盟友，即担

任《合众国公报》（*Gazette of the United States*）编辑的约翰·芬诺（John Fenno）。因此，杰弗逊和麦迪逊决定创办一份报纸，来对抗芬诺铺天盖地的支持汉密尔顿的言论。麦迪逊在普林斯顿的同学、诗人兼随笔作家菲利普·弗瑞诺（Philip Freneau），同意搬到费城，主编《国民公报》（*National Gazette*）。为帮助弗瑞诺维持生计，杰弗逊雇他为国务院的兼职翻译。

《国民公报》发起了对汉密尔顿的攻击。比如，名为"布鲁图"（取自刺杀尤利乌斯·恺撒以挽救罗马自由的罗马元老院议员）的作者指责说：

> 对我而言不是联邦主义和反联邦主义的问题，而是美国的财政部与人民为敌……它对我们政府的影响十分令人担忧；它已经形成了一个中心，我们的政体便围绕其展开。

在杰弗逊的敦促下，麦迪逊在《国民公报》写了几篇未署名的文章，坚称致力于共和国自由的一方与受制于贵族腐败的一方之间展开了竞争。其他共和党人站到了麦迪逊一边，其中詹姆斯·门罗和约翰·贝克利（John Beckley）（美国众议院执事）等人得到了杰弗逊的鼓励。汉密尔顿被激怒了，他推断出杰弗逊和麦迪逊是这些人背后的支持者，因此以众多笔名发表了一连串的报纸文章，其中多篇针对杰弗逊，以及加入这场争论的其他联邦党人。

随着党派之争蔓延到整个国家，杰弗逊和汉密尔顿之间的斗争持续在内阁会议升温。汉密尔顿坚信自己的观点，以一种类似国会演讲的方式高谈阔论，时而讥讽杰弗逊，后者在遭受挫败感之余，有时也发表讽刺的言论，令汉密尔顿大为泄气。

夹在自己两个主要的助手之间，华盛顿为他们长期的不和感到痛苦。华盛顿不像汉密尔顿和杰弗逊一样思维敏捷，他更愿意安静地思考，慢慢地做出决定。几十年之后，杰弗逊回忆说：

> ［华盛顿］的思想伟大而有力量，也许并不是最突出的；他有很强的洞察力，虽然不如牛顿、培根或洛克一样敏锐；在他看来，每个判断都是最完美的。可能他的思考有些慢，还加入了些许发明和想象的空间，但答案却斩钉截铁……也许他性格中最大的特点就是谨慎，在任何情况、任何方面没有被很好地权衡之前，他不会采取行动；如果看到疑问，便努力克制，但一旦决定了，不管有多少障碍他都要向着目标前进。

华盛顿需要这种判断力和谨慎，因为唯一把他的政府维系在一起的，是他的顾问和整个国家对这个政府以及对他自身的信心。

但是，华盛顿又越来越意识到年龄和疾病给自己带来的影响。虽如今他已经是 60 岁的年纪，但他的家族里没有一位男性活过 50 岁，这让他有些惶惶不安；他觉得自己已经是超出年岁的老人了。其次，他性格敏感，这一点比杰弗逊有过之而无不及。对于那些针对自己的政策和自身的批评，他虽然没有公开表现出失望，但在内阁当中却也暴怒过。让华盛顿最痛苦的事，就是他觉得总统这个差事是个吃力不讨好又令人害怕的负担。他担忧自己做的每一个决定及采取的行动或导致的失败会给后世创造先例。他集合了一群助手，本希望他们能帮助自己管理政府，可是，他们却给自己带来了新的问题和忧虑。

1792 年春，内斗威胁到政府的统一。华盛顿感到厌倦，打算任期结束就退休。这让汉密尔顿和杰弗逊十分担心。他们坚称华盛顿的领导对美国的实践不可或缺，都主张华盛顿有义务继续任职。1792 年 5 月 23 日，杰弗逊写道：

> 整个联邦的信心以您为中心。现在每一条言论都可能被用来警醒并引领各个角落的人们诉诸暴力或脱离国家，而您在任的作用远远不止对这些言论做出解释。北方和南方会联合在一起，如果他们有您可以依靠的话……

7 月 30 日，汉密尔顿也表达了一致的想法："您不连任的决定在现在这个时刻来说是我们国家最大的厄运。"华盛顿不情愿地听从了两名助手的意见，同意连任并得到一致通过。

虽然汉密尔顿和杰弗逊一起说服了华盛顿留任，但两人的关系持续恶化。当年夏天，总统请求两人停止争吵。8 月 23 日，华盛顿给杰弗逊的信中写道："我最真诚及天真的愿望是，摒弃各方面伤人的猜疑和烦恼的指责，力争自由的容忍——相互的克制——和应付式的让步。"他给汉密尔顿也写了一封类似的信。9 月 9 日，两人回信给华盛顿，但依旧是相互指责。汉密尔顿抱怨说：

> 我把自己视为深深受害的一方……我知道自己一直是杰弗逊先生反对的对象，从他来到纽约市当政的第一天起。从最确切的来源，我知道自己是最刻薄的流言蜚语和含沙射影的主角。我很早就看到，在他的支持下，国会中已经成立的党派，决意要对我进行破坏活动。

即便如此，汉密尔顿表明自己愿意寻找打破这场僵局的办法：

> 给您带来的不安情绪，我向您表示最真诚的歉意。我十分热切地希望，因为这有可能取决于我，去铺平您脚下的政治之路，并给您的政府带来繁荣欢乐。如果有任何可能去弥合或终止现有的分歧，最高兴接受的人也莫过于我……

对比之下，从杰弗逊的回信当中，华盛顿丝毫看不出任何橄榄枝的影子。在杰弗逊看来，汉密尔顿对待自己的方式让人恼火，自己也渴望离开政坛回归到私人生活，加上又气恼自己说话有些结巴，杰弗逊发泄出满腔怒火，甚至对汉密尔顿夹带了些势利的看法：

> 出于对自己人民的尊重，出于不容破坏的正直以及出于对人民权利和自由的奋斗，我的职位所带来的荣誉和报

酬能产生极大的价值。姑且不论所有这些，我不会让自己的退休生活笼罩在另一个人诽谤的疑云中。从历史可以俯身注意这个人的那一刻起，这个人的过去只不过是要了一些阴谋诡计来危害国家的自由，而国家不仅接纳了他，给他带来面包，还把荣誉加在他的头上。

杰弗逊认为，自己比汉密尔顿年长，处理公共事务的经验也更多，因此他希望，自己和华盛顿作为弗吉尼亚人，意见应完全一致，尤其是面对出身低微、无法与自己的弗吉尼亚种植主精英血统相媲美的纽约人。杰弗逊还认为自己支持国债法案和 1790 年的妥协方案，是受汉密尔顿愚弄的结果。这些措施的最终目的实则是把美国变成一个腐败的贵族式政府的统一国家。在他看来，汉密尔顿制定了一系列政策以获得盟友的拥护并回报他们的支持，以此巩固政府与商业和投机利益之间的腐败联盟。最后，对于汉密尔顿发动的报纸文章的攻击，杰弗逊感到痛苦不已。杰弗逊向华盛顿强调，自己从没有在报纸上发表过一个字来攻击汉密尔顿。但是，杰弗逊并不承认自己曾经鼓励——甚至恳求——别人做过这样的事。

1792 年 10 月 18 日，华盛顿试图安抚杰弗逊，但同时他也表明自己对肆虐政坛的这场混乱十分不满："观点上的差异让你和另一位主要的政府官员产生分歧。"他写道，"这让我很遗憾，并且深深遗憾。我十分真诚地尊重你们俩。"

华盛顿和平的努力白费了。到这个时候，汉密尔顿已经认为，杰弗逊、麦迪逊及其众议院同盟都想对他不利；杰弗逊也确信，汉密尔顿正领导着包括参议员、国会代表和雇佣作家在内的"腐败中队"对自己进行口诛笔伐。总之，两人都确信对方决意要将自己赶出政坛，而自己也应以牙还牙。

1793 年初，众议院中的弗吉尼亚人士试图使用国会的力量对汉密尔顿展开调查。杰弗逊与他们一起，起草了一系列决议，攻击汉密尔顿所在财政部的行为，要求进行全面调查。如果众议院采用这些决议，杰弗逊希望对汉密尔顿的调查会曝光其腐败行为并逼迫他辞职。弗吉尼亚议员代表威廉·布兰奇·贾尔斯（William Branch Giles）发起指控但在提交决议之前去掉了决议的严正立场。但是，众议院就连这个更温和的做法也没有通过。汉密尔顿又一次获胜，杰弗逊落败。

就在杰弗逊成为共和党人眼里的象征性国家领袖时，他对政治斗争和压力感到疲惫不堪。他本想在 1792 年华盛顿第一任期结束的时候卸任，但是他几次推迟了自己的计划，因为他不想看起来是汉密尔顿把他驱逐出了政坛。1792 年 9 月，汉密尔顿听说了杰弗逊退休的打算，在一篇报纸文章中讽刺了杰弗逊自称的"安静、谦虚和离群索居的哲学家"的身份，并在一篇匿名文章里指责杰弗逊是"令人好奇的纵火者、有野心爱争斗的竞争者"，想继任华盛顿的总统一职。

杰弗逊想要退出政坛的愿望让盟友十分担心。1793 年 5 月 27 日，麦迪逊警告说，"只有在合适的情况下，所有良好公民都尊重和欢迎的现实下，你才可以最终退出公众生活。"6
月 9 日，杰弗逊在回信中抱怨道：

> 对我的同胞而言，我完整并忠实地履行了我的职
> 责……如今我担任公共职务已经 24 年的时间了；一半的
> 时间都在为同胞们效劳，而自己的事情却从没有顾得上。
> 我已经完成外交任务……我的血液不再为世界的喧哗而流
> 动。它引领我追求膝下之欢、家庭之爱，融入邻舍和书
> 海，专心经营农场和自身的事情，欣赏每一朵含苞待放的
> 蓓蕾，享受身边微风轻拂，动静皆宜……由于受自己的时
> 间和行为所限……事实上，我亲爱的朋友，任职不再可
> 能，任何理由都挡不住我的愿望，所以在这个问题上，我
> 俩点到为止。

7 月底，杰弗逊递交辞呈，华盛顿说服他推迟到年底。当
年夏天，美国与法国爆发争端，杰弗逊当政的最后时期成为他
政治生涯中最为烦恼的阶段。

战争爆发了，在法国共和国革命派和英国、奥地利和普鲁
士领导的君主同盟之间展开；1793 年 1 月 21 日，革命者对路
易十六的处决使冲突恶化了。在美国，关于国人应该如何应对
这些事件，激烈的政治矛盾爆发。当年春天，华盛顿和助手们
宣布，美国会保持中立。杰弗逊却反对此举，他提出国会有宣
战的权力，类比只有国会才有宣告和平的权力。在意识到他没
有得到大多数人的支持之后，杰弗逊转而支持埃德蒙·伦道夫

精心起草的《中立宣言》(Neutrality Proclamation)。1793 年
4 月 22 日，华盛顿颁布了该宣言。之后，汉密尔顿呈上书面
意见，表示路易十六的被处决意味着法国君主制的结束，因此
在法国的政府形式明确之前，华盛顿应该终止与法国签订的
1778 年条约。杰弗逊写了一份意见，反对汉密尔顿的言论；
他坚称因为条约签订的对象是法国而不是法国的君主，所以条
约还是具有效力的。杰弗逊的观点受到华盛顿和内阁成员的重
视，因此得到采纳。

在《中立宣言》刚刚颁布不久，新任法国驻美公使埃德
蒙·查尔斯·吉尼特（Edmond Charles Genet）就引火上身
了。傲慢鲁莽的吉尼特坚称，美法两个共和国是反对君主制和
专制的同盟。自称"公民"（一个法国革命者的头衔以夸大平
等的概念）的吉尼特转遍了美国，为旨在攻击英国商船的法国
船只筹集资金，并招募能在船上服役的美国水手。吉尼特的行
为是把美国拖入战争的极大威胁，汉密尔顿和联邦党人主张总
统应该要求吉尼特被召回国。

起初，杰弗逊和共和党人既想捍卫吉尼特的立场，又想对
他进行管束。在这个过程中，杰弗逊被各种矛盾心态所累——
对法国的忠实、爱国之心、对吉尼特的恶作剧日益失去耐
心——这使得他在面对华盛顿时，根本没有把自己对吉尼特的
所知如实相告。最后，吉尼特宣扬要"绕过总统对人民申诉"，
即他不跟总统商量，而是直接向选举人证实。吉尼特的这种威

对于路易十六在美国革命中支持美国事业的立场，托马斯·杰弗逊是有感激之心的，但他同时认为，国王既愚蠢又无能。法国大革命废除了路易和皇后玛丽·安托瓦内特的王权，之后革命政府把他们送上了断头台

胁是极具危险性的。杰弗逊和宾夕法尼亚共和党政客亚历山大·詹姆斯·达拉斯（Alexander James Dallas）曾亲眼目睹吉尼特的行为，现在，两人陷入了无望的政治境地当中。杰弗逊沮丧地向麦迪逊保证，吉尼特确实发誓要把目标转向人民，但同时杰弗逊又坚称，这位法国人由于对美国政治和政府不解，所以只打算向国会申诉。不过，在杰弗逊眼中，吉尼特已经成为法国和美国共和事业的可怕累赘。最后，杰弗逊与其他内阁成员一起，支持总统让法国召回吉尼特。同时，麦迪逊精心组织了一场共和党运动，以疏远吉尼特，并说服民众是联邦党人在操纵这场党派危机。

这些争论促使汉密尔顿以"和平"的署名写了又一批报纸文章，捍卫总统有宽泛的权力制定外交政策。杰弗逊对此感到十分惊讶，并于 1793 年 7 月 7 日请求麦迪逊："看在上帝的份上，拿起你的笔杆子，选取最为突出的邪说，让它在公众面前体无完肤。"在杰弗逊的敦促下，麦迪逊以"赫尔维狄乌斯"（来源于罗马参议员赫尔维狄乌斯·普里斯库斯，在韦斯巴芗皇帝统治时期，捍卫共和政府，最终为自己的勇敢献出了生命）的笔名发文回应，争辩应该由国会负责外事。

但是，对杰弗逊来说，吉尼特事件是压垮他的最后一根稻草。杰弗逊写信再一次颂扬了私人生活，指出公众职责的痛苦，就像他担任弗吉尼亚州长这一令人不快的职位之后所写的那样。1794 年 1 月 5 日，华盛顿最后一次力图说服杰弗逊留任，但杰弗逊毅然离开了费城，发誓自己跟政治再无瓜葛。

杰弗逊的离去使华盛顿不再能够平衡内阁中两种对立观点的强大支持者。与杰弗逊站在一边的埃德蒙·伦道夫接替了杰弗逊的国务卿一职；但是，关于伦道夫是法国大革命政府工具的指控兴起（直至今日还辩论不休），1795 年，伦道夫辞职。因此华盛顿越发依靠汉密尔顿及其支持者，杰弗逊、麦迪逊及其盟友也逐渐觉得华盛顿成了联邦党的领袖——或者，像有些人所指责的，成为联邦党有名无实的领袖。

　　具有讽刺意义的是，杰弗逊的辞职可能还加剧了美国 18世纪 90 年代末的党派之争。不过，杰弗逊忙于庆贺自己逃离了政治生活，而无暇思考自己的决定带来的意想不到的后果。他再一次回归到精英种植园主的行列，享受着家人和书本的陪伴，在思想的领域里自得地游弋。

第六章

触摸土地（1794—1797 年）

1794 年 1 月 5 日，托马斯·杰弗逊从费城出发，前往弗吉尼亚。1 月 18 日，在不到两周的时间内，杰弗逊回到了蒙蒂塞洛。不久他便写信给朋友，说十分享受退休生活，并断言不会再问时政。1794 年 2 月 13 日，他向詹姆斯·麦迪逊保证："我们现在的生活十分平静，不会再有什么烦心的公众新闻。"但是，事情不都是正面的。蒙蒂塞洛的房屋损毁和种植园效益下滑让杰弗逊感到吃惊。1794 年 5 月 14 日，他向华盛顿抱怨说："比起前几次短期休假在家，这次我对土地进行了详细查看，发现十年间监工们疏于打理造成的破坏程度已经远远超出了我的预期。"

杰弗逊归咎于监工的同时，也是在暗示问题的真正根源是自己离开家乡卷入政治事务所致。因此，埃德蒙·伦道夫接任国务卿后，提出任命杰弗逊为驻西班牙特别代表以吸引他重返政坛时，杰弗逊礼貌但直截了当地拒绝了。1794 年 9 月 7 日，杰弗逊写信给伦道夫说："我尊敬的先生，任何情况都不足以吸引我重回政坛。我以为自己离开费城的时候已经下足了决心，随着时间的推移我更加笃定不移了。"

杰弗逊翻开搁置已久的农耕和园艺书籍，决定首先制定出一套作物轮换的新方案。他希望不再种植烟草，虽然烟草出口市场回报丰厚，但土地的养分却被耗尽了；所以，他会播种小麦和其他作物以改良土地并在国内出售。杰弗逊在种植园骑行几遭后，对最初用来划分田地的围栏也看不顺眼了。围栏不仅不美观，还要花费大量功夫进行维护。所以，他想到了种植成排的树木。在接下来的三年里，他总共监督种植了 1 157 棵树，包括桃树、樱桃树、苹果树等十来个不同品种。这些树木就像划分土地的永久且"天然"的界限，种植园赏心悦目，还能供应他最喜欢的水果。

1795 年，蒙蒂塞洛在杰弗逊的细心看护下焕发出了种植园的生机。1 月和 2 月，奴隶们宰杀牲畜以供全年享用，为铁匠铺烧制木炭，修筑篱笆，并开垦出新的农田。同年，杰弗逊还让他们开始一项规模宏大的新任务——为蒙蒂塞洛的重新翻修烧制足够的砖块。春天，杰弗逊把精力放在打理广阔的花园上。3 月，田间工人开始犁地，播撒粪肥，种下红三叶草，在罐子里装上最受喜爱的苹果酒，这些酒在头年秋天就已经储存在巨大的木桶当中。4 月和 5 月，杰弗逊开始焦急地关注苹果园和桃园，生怕某场迟来的大雾造成歉收。

奴隶们紧接着种下玉米，收获豌豆，播下荞麦，准备待到秋天收成时，土壤已经得到改善，为种植常规的冬小麦备好养分。5 月底，奴隶们收获了樱桃和草莓。夏天，大麦和小麦丰收了，但是 8 月，暴雨毁坏了玉米作物；毒辣的太阳也威胁到烟草的收成，还烧焦了田地里推起的干草。杰弗逊盼望葡萄可以获得丰收并用来酿酒，虽然他知道，要赶上自己十分钟爱的法国酒的口味，弗吉尼亚的葡萄酒得发酵几十年之久。

秋天，奴隶们收割了所剩的玉米和小麦，开始制作来年的苹果酒和桃子酒。冬天，他们用稻草绳牢牢地捆住无花果树，帮助它们抵御降雪。蒙蒂塞洛的冬天，杰弗逊和他的家人及奴隶除了照看好自己，等待寒冬结束之外，无事可做。

在努力恢复农耕秩序和方法的同时，杰弗逊也尝试探索新的领域。他花了几个月的时间设计并实验一种脱谷机，即从谷壳中轻松分离谷粒的机器。他还设计了一种新的犁具，犁田更快，效率也更高，这样，耕地就更省时省力了。

最后，杰弗逊在蒙蒂塞洛建了一个小型的钉子工厂，这个做法也许会受到汉密尔顿的嘲笑，后者应该还记得杰弗逊对其《关于制造业的报告》的敌对态度。奴隶中 10～16 岁的少年被监工们指派去工厂劳动，因为他们的年纪去充当田间工人有些偏小。杰弗逊细心地记下他们的生产效率，对于生产钉子最多而浪费原材料最少的工人给予奖励。起初，杰弗逊盈利很少，但每三个月的收入就足以支付生活各方面的开销。但 1796 年初，廉价的英国铁钉充斥了弗吉尼亚的市场，杰弗逊的家制产品仅剩一席之地了，他对此十分失望。售卖铁钉也面临着另外一个美国的老问题：顾客们都缺少现金。这使得杰弗逊在之后的 20 年里，还想着要去纠缠那些赊账购买铁钉的顾客。

此外，年届 50 的杰弗逊对家庭事务也关怀备至。他幸福地照看着自己的外孙、玛莎·杰弗逊·伦道夫的第一个儿子托马斯·杰弗逊·伦道夫（Thomas Jefferson Randolph）。小托马斯健康活泼，正蹒跚学步，尤其得到外祖父的喜爱。但不幸的是，1795 年 7 月，玛莎的小女儿埃莉诺（Eleanor）不幸夭折了，玛莎的丈夫托马斯·曼·伦道夫情绪失落，经常无端发怒，使整个伦道夫家备受其苦。杰弗逊的小女儿玛丽亚情绪也很低落，身体状况十分欠佳。对于杰弗逊滔滔不绝、用意良好的建议，玛莎还能应付得下，可是更为敏感的妹妹玛丽亚却有些难以应对，变得越发胆小和虚弱了。1798 年，她嫁给了约翰·韦莱斯·埃普斯（John Wayles Eppes）（一位远房表亲，18 世纪 90 年代初在费城曾与杰弗逊一起学习过法律），但她的身心状况也没有得到多少改善。不幸的是，杰弗逊并没有看到玛丽亚面临的这些问题，更没有意识到自己的训话只起到了相反的作用。

对杰弗逊来说，从激烈的政坛隐退，享受家庭、朋友和耕种的快乐似乎成了一个循环的模式。杰弗逊生活中的安全感实际上又分为两个方面。处于中心的是家庭。在家庭的亲密氛围中，杰弗逊能感受到最大程度的爱和道德的支持，这也是他十分渴望的。这个家庭的圈子女性居多，其特殊意义在于杰弗逊希望自己生命中的女性不仅能回报同等的爱和热情，还能对他怀着敬意。杰弗逊从来不鼓励妇女积极参与公众生活；他只与阿比盖尔·亚当斯讨论过政治，后者虽十分出色，但还是令杰弗逊感到有些不自在。

处于家庭这个避风港外围的，是上流社会。这里虽然比不上家庭之内的亲密关系，但仍旧让杰弗逊安心舒适。在杰弗逊周围，他集合了一些值得信任的朋友（比如麦迪逊、门罗和肖特），他可以向他们吐露心迹，一起追求兴趣，播撒热情。

因此，1781年，经历过州长任期内的困难和屈辱，杰弗逊退出政坛，在家人和朋友们之间找寻慰藉。1782年，妻子玛莎的去世粉碎了杰弗逊心中家庭的堡垒，但悲痛之余，他决心重新建立家庭的希望并再一次投身于政治和外交领域。1794年，他再次隐退，回到家乡享受晚年生活，并回归自己作为弗吉尼亚精英种植园主的身份。这段时间里，他经常说自己希望朋友们都可以搬到蒙蒂塞洛附近，这说明杰弗逊十分渴望增强自己所珍视的家庭和朋友带来的安全感。他一次次回到蒙蒂塞洛——1781年、1794年以及最后的1809年——就很好地佐证了这一点。回归不仅仅是远离无情的政治斗争，也是退回到他内心的居留地，在这里，他感到安全、受到欣赏和尊敬，最重要的是，他得到了爱。

退休的决定让杰弗逊在过去十多年里，第一次有机会审视蒙蒂塞洛，把这栋建于18世纪70年代的房屋与他在80年代对欧洲建筑的印象进行精细对比。杰弗逊在当地是一个天才的建筑家，他的朋友和邻居也经常在建房和重修的事情上征求他的意见。杰弗逊一边回忆着自己研究过的乡村房屋和罗马废墟，一边下定决心把蒙蒂塞洛打造一番，他甚至相信，如果自己的偶像、16 世纪的意大利建筑家安德烈亚·帕拉第奥还在世的话，也会为之折服。此外，杰弗逊还希望自己建造的房屋是适宜全年居住的，不像帕拉第奥所筑的乡间别墅，只能供夏天之用。

　　杰弗逊在绘图板上起草了一栋两层的穹顶建筑，而从外表上看建筑就只有一层高。新的蒙蒂塞洛宽度增加了一倍，藏书室的面积也扩大了一倍多，还增加了客房。奴隶们正在忙于烧制砖块，杰弗逊打算让他们同时拆毁原来的房屋。这样，伟大的建筑工程开始了，工程一直持续了近三十年，中途时断时续（财政允许的话），并且成了杰弗逊的最大爱好之一——同时也成了他的主要经济负担。

　　杰弗逊负责设计工作，奴隶们则进行劳动，包括烧制砖块、拆除房屋、砌墙、精细的木工活还有家具制作。虽然杰弗逊的生活每天都与奴隶制相关，但他尽可能地让自己与奴隶制的正面冲突降到最低。

　　由于杰弗逊生活丰富、想法颇多，他设计出隔层的方法，把应该分隔的东西进行分类摆放。蒙蒂塞洛最大的建筑特点就是种植园的奴隶生活在主人的视线之外。其他的种植园主也一一效仿，但往往都带有杰弗逊独特的设计印记。比如，可移动的上菜架——分层的上菜用架，底部装置小脚轮，可供转动——使家仆们可以把食物运到餐厅而不用中断主人的谈话。奴隶把上菜架推到餐厅，闩在旋转的餐厅门上，门转动之后满满的上菜架便能移动到杰弗逊和宾客们面前，供他们取用。

另外，壁炉两边放置了一个葡萄酒的升降机，可以使餐厅用酒直接从地下的酒窖传送上来；一名奴隶会把指定的一瓶葡萄酒放入盒子里，然后用滑轮把盒子升到餐厅里。之后，杰弗逊打开升降机的门，拿出酒瓶给宾客斟酒。此外，园子里的景观设计和荫蔽的走道也让主楼的视线远离了奴隶们的居住区。

在蒙蒂塞洛，杰弗逊还有另一个减少与奴隶制相联系的做法，那就是他渐渐地把耕种交给监工们管理。杰弗逊自己则待在主楼，由家仆们照料生活，大部分家仆都是赫明斯家族的成员或亲戚，他们的肤色显然比田间工人的要淡一些。赫明斯家族的祖先有白人和黑人；事实上，萨莉·赫明斯的祖先大都是白种人。她主要负责打理杰弗逊的卧室和衣服，并逐渐地树立了管理主楼的权威。

1795 年，杰弗逊在农事本中记录了 22 岁的萨莉·赫明斯所生的第一个孩子。这是个小女孩，取名叫哈丽雅特（Harriet），但两年之后却夭折了。接下来的 14 年里，杰弗逊记录了萨莉·赫明斯另外五个孩子的出生，除了其中一个之外，另外四个孩子都健康长大成人。威廉·贝弗利·赫明斯（William Beverly Hemings）生于 1798 年；另一名女儿（未起名）生于

1799 年，但年底却夭折了；还有一个女儿也起名叫哈丽雅特，1801 年出生；詹姆斯·麦迪逊·赫明斯（James Madison Hemings）生于 1805 年；托马斯·埃斯顿·赫明斯（Thomas Eston Hemings）生于 1809 年。萨莉·赫明斯的儿子们都以中名称呼：贝弗利、麦迪逊和埃斯顿。

托马斯·杰弗逊是不是这些孩子的父亲呢？虽然没有确凿的证据，但间接证据似乎可以提供一个答案。从杰弗逊的农事本记录可以看出，萨莉·赫明斯每次生产的九个月前，杰弗逊都在其附近地区。同样，赫明斯家族内部的回忆和传言也显示出他们应该是杰弗逊和赫明斯的后人，而且杰弗逊私人文件中记录的信息也与此相符。还有，萨莉·赫明斯的所有孩子的名字与杰弗逊家族的名字联系紧密，在蒙蒂塞洛出生的其他奴隶则没有这种情况。杰弗逊从未公开承认自己与赫明斯的关系，也没有承认自己是这些孩子的父亲。但在杰弗逊担任总统的第一个任期里，有关他和赫明斯关系的谣言四起，杰弗逊却没有公开进行过否认。

1794 年 1 月杰弗逊离开费城时，发誓自己与政治再不相干，他也努力履行自己的诺言。就像神话里的摔跤手安泰一样，触碰土地似乎使杰弗逊恢复了力量，精神焕发。但是，即便如此，他却一直对美国的未来和革命的势态牵肠挂肚，对自己未踏足的地方和未从事的工作似乎日益产生兴趣，杰弗逊再次受到了影响。

杰弗逊的朋友继续给他发来最新的政治情况，希望能争取他重回政坛。1794 年秋，杰弗逊吃惊地得知，华盛顿和汉密尔顿率领了一支 15 000 人的军队进入宾夕法尼亚乡镇地区，镇压"威士忌起义"。在他看来，汉密尔顿使用常规军执行联邦法律（征收威士忌酒消费税①）来针对一群愤怒的农户，这种独裁政策危害了人民优于军队的原则。1795 年 8 月，杰弗逊了解到，首席大法官约翰·杰伊与英国签订了一项条约，条约内容似乎对前宗主国过于慷慨，杰弗逊失望至极。他在私人信件中进行指责，对于麦迪逊及其众议院盟友阻止条约生效的努力，尽管于事无补，杰弗逊也大为赞赏。但是，即使这么做，他却仍坚称自己只不过是一介平民。

1795 年底，杰弗逊开始考虑重返政治生活；他重新订阅报刊，越来越多地表达自己对时事的看法。1795 年 12 月 31日，他写信给自己的老友威廉·布兰奇·贾尔斯：

> 如果共和党人和君主主义者之间产生了巨大而强烈的分歧，就像每一个国家都区分为诚实和恶劣之徒一样，那么，采取坚定明确的立场是恰当且道德的，而不是采取中间路线。

杰弗逊认为美国人面临的不仅仅是党派分歧，而是美国革

---

① 为了增加预算收入，国会于 1791 年 3 月通过《国产酒税法案》（有时也被称为《威士忌法案》），规定对用小麦酿造的酒类征收消费税。这是第一个由联邦政府对国内产品征税的税种。——译者

命核心理念的支持者和反对者之间强烈的对比。杰弗逊确信，自己的反对者支持君主政府，而自己和朋友们则是共和自由的捍卫者。杰弗逊关于"君主主义者"的称谓，意指对强有力的全国性政府和以债务为基础的公共财政的支持者，这两者与英国的体制十分相似。他担心这样的措施会破坏共和美德并让美国沦为真正的君主制和贵族制国家，他自己以及所有诚实的人都有责任反对这个巨大的压制人民的阴谋。

但即便到此刻，杰弗逊还坚持着退休的决定。麦迪逊和其他政治盟友需要对杰弗逊施加轻微的压力才能激起他重返政坛的意愿。而关键的事件就是即将到来的 1796 年总统选举。

现代的总统竞选在真正选举的头几年就已拉开序幕，而 1796 年的选举直到当年 9 月才真正开始。当时，华盛顿宣布自己决定在第二次任期期满时卸任。华盛顿并没有口头发表他那篇著名的"告别演说"，而是将之作为公开信刊登在 1796 年 9 月 19 日的《宾夕法尼亚邮报》上。一天后，也就是 9 月 20 日，言辞激烈的反政府报纸费城《曙光女神报》宣布：

> 决定总统候选人不需要具备预测的才能，就是托马斯·杰弗逊和约翰·亚当斯二位。不管我们未来的领袖是维护人民权利的坚定的朋友，还是对传统权力和等级的拥护者，美国人民很快就会做出决定。

杰弗逊的支持者赞同《曙光女神报》的观点，并认为杰弗逊是总统的不二人选。麦迪逊曾经向杰弗逊暗示共和党人准备拥护他，不料却得知对方想让自己作为掌旗官。麦迪逊说服了杰弗逊放弃这个想法，并立即和其他共和党人寻求让杰弗逊参选又不会遭到他断然拒绝的方法。比如，1796 年 9 月 29 日，麦迪逊建议门罗，"我没有去见杰弗逊，并认为最好不要给他任何机会抗议朋友们让他参选"。他们所用的方法就是众参两院的共和党领袖进行非正式聚会，即秘密会议，支持杰弗逊和纽约参议员阿伦·伯尔。因此，在杰弗逊没有任何直接参与的情况下，他成了美国历史上第一次总统竞选中共和党人的理想候选人。

像之前的两次选举一样，1796 年的选举规则与今天大相径庭。考虑到各州和地区之间存在对抗，选举人团要求每个州的总统选举人需要选举两名候选人，候选人中至少有一位必须是来自另外一个州。制宪者和批准者认为，因为各州之间的对抗，大多数的总统选举都会产生出三位甚至是四位候选人，众议院再从中决定总统人选；他们希望众议院可以在前五届选举中决定四届的人选。

但是，1789 年和 1792 年最初的两次总统选举结果却全然不一样：华盛顿的声望让他首次和再次当选都全票通过。并且，选举人团没有考虑到各州兴起的党派之争，比如联邦党人和共和党人之间的纷争。另外，党派联盟不是一成不变的。北方人愿意选举北方人，南方人也愿意选举南方人，即使这意味着在自己的选区同时选举一名联邦党人和一名共和党人。因此，在 1796 年的总统选举中，党派势力和地区影响开始了较量。

选举不仅是性格和声望的比拼，也是政策与党派的角逐。因此，杰弗逊的敌人开始从公私两方面攻击杰弗逊。比如，《一位南方种植园主》发行了一张单幅纸——印刷的海报——谴责杰弗逊反对奴隶制并可能支持堕胎的立场。对于《弗吉尼亚州笔记》和杰弗逊 1791 年写给本杰明·班纳克的信件中的反奴隶制言论，海报进行了重印，并指出圣乔治·塔克计划让美国购买并释放所有奴隶——塔克是弗吉尼亚一名十分出色的律师，对杰弗逊公开表示支持。海报总结道："如果这项狂热的计划在美国总统杰弗逊的支持下成功了，那弗吉尼亚的 30万奴隶将被释放，而我们也就需要与南部州的安全、繁荣及重要性说再见了，或者是与南部州本身说再见了。"

其他批评者指责杰弗逊作为无神论者，是所有宗教的敌人；杰弗逊是胆小无能的州长；他从华盛顿的内阁辞职让这个身处外患的国家雪上加霜；并且他并不符合担任总统的要求。在之后被编成册的一系列报纸文章中，威廉·劳顿·史密斯（William Loughton Smith）嘲笑杰弗逊自命的哲学和科学知识；他最后说，即使杰弗逊拥有这些长处，"一位哲学家就是最糟糕的政治家"，因为哲学家缺乏有效执政的严肃和决心。另一位南卡罗来纳的联邦主义者罗伯特·古德洛·哈珀（Robert Goodoloe Harper）指责杰弗逊"性格软弱，优柔寡断"，因此不适合担任"一个伟大国家的第一行政官"。

艾萨克·杰弗逊（Isaac Jefferson）出生在蒙蒂塞洛，作为托马斯·杰弗逊的奴隶工作了很长时间。他是一名技术娴熟的铁匠，被杰弗逊任命为蒙蒂塞洛制钉厂的第一工长。后来，艾萨克·杰弗逊接受了一系列的采访，回忆主人的生活、外貌和习惯

　　联邦党人另外一条经常针对杰弗逊的指控就是，杰弗逊盲目亲法，会被法国人冲昏头脑，而顾不上捍卫美国的利益。令人遗憾的是，缺乏判断的法国驻美公使皮埃尔·阿德特（Pierre Adet）对这条指控表示支持，暗示法国政府倾向于杰弗逊，而不是亚当斯。阿德特的阴谋证实了杰弗逊早前的担心，

即英法两国会试图干预美国总统选举，这不能不说是一种讽刺。另外，1796 年 12 月 31 日，阿德特警告法国政府，表示自己怀疑杰弗逊与法国交好的真诚度：

> 杰弗逊先生对我们存有好感是因为他厌恶英国；他试图亲近我们是因为他没有像惧怕英国一样惧怕我们；但是，如果明天英国不再让他惧怕了，他对我们的态度可能就改变了。我们打破束缚，消除了压迫人民的无知，杰弗逊虽然对此十分欣赏，虽然他也是自由和知识的朋友，但杰弗逊，据我说，还是一名美国人，正因为此，他不可能成为我们真诚的朋友。美国人天生就是所有欧洲民族的敌人。

在这个时代，总统选举取决于州议会的选举结果，后者选举的是总统选举团成员。人们不会在某一天外出分别选举总统和副总统，而是所有州的总统选举团成员在同一天进行全国范围内的投票。1796 年底，选举团选票的结果是众所周知的。亚当斯以 71 张选举人票的微弱优势赢得选举；杰弗逊获得 68 张选票，只比亚当斯少 3 张，成为副总统。南卡罗来纳的托马斯·平克尼（Thomas Pinckney），与亚当斯同为联邦党人，获得了 59 票的骄人成绩，位列第三；阿伦·伯尔以 30 张选票远远落后，排名最末。伯尔觉得当时说服自己和杰弗逊参选的弗吉尼亚人辜负并羞辱了他；在他看来，南部共和党人并没有兑现支持自己的承诺。

杰弗逊在通信中没有提到选举一事。11 月底，他写信给自己的女婿托马斯·曼·伦道夫，感谢他告知弗吉尼亚的选举结果，信中杰弗逊明确表示自己希望有可能被选为副总统而不是总统。首先，他真诚地希望自己的老友约翰·亚当斯能够夺魁。其次，副总统一职会带给他更多与家人和书本共度的时间。最后，就如他在 1796 年 12 月 17 日告诉麦迪逊的，"就让这些认为自己能够绕开危险的人掌权吧。我对自己担任此职位没有任何信心。"

杰弗逊给亚当斯起草了一份友好的祝贺信，但征求了麦迪逊的意见，后者建议他不要把信寄出，因为他注意到，杰弗逊的某些措辞可能会冒犯十分敏感的亚当斯，并且杰弗逊谈论汉密尔顿阴谋的笨拙和玩笑的口吻既无必要也不合适。最后，麦迪逊担心杰弗逊表现出的友情和支持有些夸张，可能会让他受到亚当斯政策的牵制，并疏远他在共和党内的支持者。杰弗逊同意了麦迪逊的看法，把草稿放进自己的文件当中，准备返回三年前他带着同样的欣喜离开的那座城市。

第七章

巫师的统治（1797—1801 年）

　　1797 年 3 月，出于对任何看似君主式仪式的厌恶，托马斯·杰弗逊希望不要举行副总统宣誓，但他的朋友们在最后一刻说服了他，因为不进行宣誓必定会遭受批评。共和党的支持者们带来了铜管乐队和欢呼的人群，杰弗逊想作为一个普通民众悄悄进入费城的愿望落空了。

　　副总统杰弗逊的主要政务就是领导参议院的商议活动。像亚当斯一样，杰弗逊对自己的岗位态度十分严肃，但是，他的行事方式比亚当斯之前的做法更加有效。亚当斯曾任参议院议长，积极地参与辩论，并试图掌管各类事务，但这样的行为大多无功而返。亚当斯灰心丧气，向阿比盖尔·亚当斯抱怨说，副总统是"人类创造和想象出来最无关紧要的职位"。相比之下，杰弗逊让参议员自行辩论，自己只限于决定其中程序，所以，他觉得这个新岗位"可贵而且轻松"。

　　通过近四十年的研究学习，杰弗逊关于议会法和程序的广博知识让他十分胜任参议院议长一职。在任期初始时，杰弗逊写信给乔治·威思寻求指导，说自己经验不够，但是威思承认他自己也同样生疏。因此，杰弗逊主持参议院期间，在他之前所作的"议会口袋书"的基础上编纂了一本小书。1800 年，他修订并出版了这本书，取了一个朴实的名字《国会议事初步》（*A Manual of Parliamentary Practice*）。书中提供了参议院议事规则和判例，还有对英国议会机构的广泛引用和讨论。这是杰弗逊多年研究的结晶，措辞清楚又不失文采。

杰弗逊和他的传记作者都未说过这是一部足本作品或者十分重要的书籍，但是联邦党人和共和党人都十分欢迎，把这本书看成立法机构行事规则的宝贵指南。《国会议事初步》重版多次，至今仍在发行。事实上，美国众议院现在还把它视为判断议会流程的标准。它与《罗伯特议事规则》①（*Robert's Rules of Order*）一起并列为迄今所著的议事程序的最实用指南。

杰弗逊任议长期间抓住机会对参议员进行观察。在这个过程中，他彻底了解了许多日后为他所用的美国政客，并且进一步扩大了自己在政界的交际圈。

因为副总统的工作要求并不严苛，杰弗逊时常能够从事更为合他心意的活动。1797 年，他被任命为美国哲学会②的第三

---

① 《罗伯特议事规则》：由美国将领亨利·马丁·罗伯特于 1876 年出版的手册，搜集并改编美国国会的议事程序，使之普及于美国民间组织，也是目前美国最广为使用的议事规范。——译者

② 美国哲学会：美国历史最悠久的学术团体，是美国科学家本杰明·富兰克林仿照英国皇家学会而设立的国家级学会。——译者

任主席，协会由本杰明·富兰克林组建，目的是在美国推广科学。杰弗逊接受这个职位的时候［前两任为他的两位挚友：富兰克林和天文学家戴维·里滕豪斯（David Rittenhouse）］，表示自己没有资格胜任："我没有任何资格出任这个尊贵的职位，但我会真诚地追求协会的目标，并且热忱地盼望知识能传播到全人类，甚至是处于社会两端的人——乞丐或是国王。"尽管如此，杰弗逊积极热情地承担了主席一职，全面推动了美国的科学研究。

杰弗逊向哲学会自豪地描述了在自己所属地产上发现的化石，并且分享了自己其他的发现成果。化石虽非杰弗逊本人发现，他却是第一个对自己的地产进行考察的科学家。但令人遗憾的是，当约翰·斯图尔特（John Stuart）和阿奇博尔德·斯图尔特（Archibald Stuart）把化石带给杰弗逊时，他被两人虚构的故事蒙蔽了。他们告诉杰弗逊自己在附近的岩石上看到了一头大狮子的雕刻图案，而自己呈送给杰弗逊的化石有可能就是这头动物留下的骨骼。他们还声称猎人们在野外听到过像大型狮子的动物吼叫——暗示这种动物仍旧生活在弗吉尼亚的荒野丛林。杰弗逊确认了化石是足骨和腿骨及几处脚爪。因此，他给这种动物取名为巨趾甲（Megalonyx），意为大爪子，并向哲学会保证这是一种像狮子的食肉动物。

杰弗逊提交了文章，但在他宣读之前，他发现一名法国科学家乔治·居维叶（Georges Cuvier）曾经考察过在巴拉圭发现的一个类似骨骼，并确定此动物是某种大型树懒，而不是食肉动物。杰弗逊意识到，居维叶所说的树懒与他的巨趾甲应该是同一种动物。他迅速校订了文章，引入居维叶的发现成果，并重新思考自己的某些主张。1798 年，杰弗逊向学会宣布了另一项重大发现——同样在弗吉尼亚发现的猛犸象的骨骼。他提交的文章还讨论了诸如手动脱谷机和自己关于犁的改良等技术创新。

　　然而，杰弗逊对自然历史的爱好却被政治所利用并引发争执。一位政治对手强迫他重新考虑《弗吉尼亚州笔记》中的一段生动描写，其中杰弗逊对洛根[①]（Logan）酋长等土著民的雄辩之才表示钦佩。1774 年，洛根发动了针对弗吉尼亚殖民地的一场艰苦斗争，因为他声称自己的整个家族都是被迈克尔·克雷萨普（Michael Cresap）上尉所杀；战争结束时，洛根发表了一场演说，杰弗逊描述其堪比希腊雄辩家狄摩西尼[②]或罗马议员和执政官马库斯·图利乌斯·西塞罗[③]。

---

　　① 洛根：北美印第安演说家及战争领袖，出生于印第安部落的易洛魁联盟。1774 年，俄亥俄河流域的印第安人与向西拓殖的白人之间爆发冲突，许多印第安人包括洛根的家人被杀，而洛根本是以白人的朋友闻名。洛根于战败后发表了著名的"洛根哀辞"。——译者

　　② 狄摩西尼（公元前 384—公元前 332 年）：雅典政治家，古希腊最伟大的雄辩家。反对马其顿入侵希腊，发表多篇《反腓力辞》，号召雅典人起来反抗腓力二世。——译者

　　③ 西塞罗（公元前 106—公元前 43 年）：古罗马政治家、演说家和作家。设定了古典拉丁语的文学风格。力图恢复共和政体，被"后三头"（屋大维、安东尼和雷必达）政治联盟中的政敌安东尼派人杀害。——译者

但对杰弗逊来说，不巧的是，克雷萨普的女婿就是马里兰州的卢瑟·马丁（Luther Martin）。马丁作为联邦党领袖之一，决心捍卫岳父的声誉并打击联邦党的主要对手。在杰弗逊描述的洛根家人被杀一事上，马丁与杰弗逊就其是否属实争论了多年。马丁指控，杰弗逊封锁了一封由乔治·罗杰斯·克拉克（George Rogers Clark）将军发给马丁关于证明克雷萨普一事的信件。直至今天，关于洛根家族与克雷萨普之间的真相，历史学家仍在争论杰弗逊和马丁到底谁是谁非，虽然大多数人支持洛根（和杰弗逊）的说法。但是，联邦党人支持马丁，这项指控成为他人在科学兴趣和研究方面攻击杰弗逊的又一口实。

政治给杰弗逊清静的生活带来了诸多干扰，令他的副总统任期十分不愉快。通过 1796 年的选举，杰弗逊成为反对党共和党的领袖，以及总统约翰·亚当斯 1800 年选举的最大对手。联邦党人和小册子作家不断地对杰弗逊进行恶意中伤，其中，关于对杰弗逊反对宗教和个人道德的指控最为常见。

1797 年 5 月，在从伦敦邮发的报纸中，联邦党人找到了攻击杰弗逊的极具杀伤力的武器。证据出自杰弗逊的笔下，但译文显然篡改了原意。

1796 年 4 月 24 日，杰弗逊在准备重出政坛时，给老朋友菲利普·马泽伊（Philip Mazzei）写了一封信。马泽伊是一名意大利人，杰弗逊很久之前便把他带回到蒙蒂塞洛帮助自己种植美国葡萄和酿酒。杰弗逊在信中简要介绍了美国政局，言辞激烈。他谴责"英国国教的君主及贵族团体……信誓旦旦地要我们接受英国政府的本质，就像以前施加给我们的政府形式一样"。杰弗逊虽然确定美国人民会反对这些行为，但还是抱怨说："与我们作对的是……行政部门和司法部门……所有的政府官员、所有想成为官员的人、所有倾向于平静的专制主义而反对热闹的自由的胆怯之人……"他接下来写的这句话让自己一生都备受其扰："这些叛教背信之人已经接受了这些邪说，他们有着参孙①的力气和所罗门②的智慧，却被无耻的英国剃光了脑袋，如果我告诉你他们是谁，你定会怒不可遏。"

　　用意良好但轻率的马泽伊把杰弗逊的信件翻译成意大利文，发表在当地的一家报纸上。一家法国报纸又把意大利文翻译成法文。法文译本流入英国，当地报纸又继续把它译成英文。这种迂回的翻译以讹传讹，最终跨越大西洋，流入美国，引起了强烈反响。联邦党人在国会上高声宣读它，并在报纸上痛斥杰弗逊。他们指责说这是杰弗逊针对受尊敬的华盛顿总统的背后中伤。他们声称，杰弗逊关于"参孙"和"所罗门"的引用是在讥笑华盛顿，杰弗逊用言语攻击了所有美国人都信任和爱戴的那个人。

---

　　① 参孙：古犹太领袖之一，以身强力大著称。——译者
　　② 所罗门（公元前 970—公元前 930 年）：以色列王国的第三任君主，以智慧著称，统治时期加强国防、发展贸易并施加武力，使以色列达到鼎盛时期。——译者

"我们的政治形态发生了惊人的变化"

1796 年 4 月 24 日，杰弗逊在写给朋友菲利普·马泽伊的信中表达了自己对 18 世纪 90 年代美国政坛的失望和愤怒。马泽伊在没有得到杰弗逊允许的情况下把信件翻译成意大利文，其他人又把意大利文翻译成法文，法文又被翻译成英文。英文版出现在美国的报纸上，这令杰弗逊十分难堪。

从你离开之后，我们的政治形态发生了惊人的变化。帮助我们成功度过战争时期的对自由以及共和政府的尊贵的热爱已经不存在了，取而代之的是英国国教的君主及贵族团体，他们信誓旦旦地要我们接受英国政府的本质，就像以前施加给我们的政府形式一样。但是，大部分美国民众对共和的准则还是真诚的；土地权益是共和性质的，大多数人才也拥护共和的理想。与我们作对的是议会三个分支中的行政部门和司法部门，以及所有的政府官员、所有想成为官员的人、所有倾向于平静的专制主义而反对热闹的自由的胆怯之人，还有从事英国资产贸易的英国商人和美国人，以及银行和公共基金的投机者和持有者。这宗诡计就是为了腐败而生，并且要让我们全盘同化于英国的模式——不管是其糟粕还是精华。这些叛教背信之人已经接受了这些邪说，他们有着参孙的力气和所罗门的智慧，却被无耻的英国剃光了脑袋，如果我告诉你他们是谁，你定会怒不可遏。总之，只有通过不懈的努力和冒险，我们才有可能维系已经获得的自由。但是我们一定会维系它；我们的力量和财富如此之大，武力不能给我们带来什么危险。我们只需要在努力过后醒来的第一觉中保持清醒，掐断他们套在我们身上的小人国的绳索。

资料来源：Thomas Jefferson to Philip Mazzei, April 24, 1796, in Merrill D. Peterson, ed. *Thomas Jefferson：Writings*. New York：Library of America, pp. 1035 - 1037.

　　杰弗逊为信件的公开发表痛苦不已，而联邦党人又要求他必须承认或否认。杰弗逊认为，公开发表的信件曲解了他的意思，但是如果要让自己的观点得到理解，他就必须从自己的私人文件中披露大量机密信息，而这只会使情况更糟。杰弗逊确实与华盛顿有分歧，但他认为解释两人之间的相同点和分歧不会起到任何作用。因此，尽管批评者们极力要求他就致马泽伊的信做出解释，受到伤害的杰弗逊还是三缄其口，保持了尊严。

　　在亚当斯当政前期，致马泽伊的信的争论只是更大的公共政策和外交事务问题的小插曲，而这些背后的问题则牵扯了杰弗逊及其同胞的全部精力。几年来，法国革命派和其敌人在欧洲持续的战争让美国政客和人民之间出现了分歧。在这些争论当中，亚当斯总统发表了一系列严厉谴责法国的演讲。但是，1797年底和1798年初，美国看似可以恢复与法国的友好关系，同时又不与英国交恶。法国的激进政府已经被推翻了，取而代之的是一个更为保守的体制——督政府。这个变化在一段时间内叫停了欧洲激烈的战事。亚当斯想利用这个机会解决美国与法国的突出矛盾，因此任命了一个代表团与法国外交部长夏尔-莫里斯·德塔列朗-佩里戈尔（Charles-Maurice de Talleyrand-Périgord）（简称塔列朗）进行谈判。在代表团成员上，总统选出了两名联邦党人，南卡罗来纳的查尔斯·科特斯沃斯·平克尼（Charles Cotesworth Pinckney）和弗吉尼亚的约翰·马歇尔，另外还有一名共和党人——马萨诸塞的埃尔布里奇·格里（Elbridge Gerry）。

平克尼、马歇尔和格里到达法国时，对方不断地推迟并找借口避谈，最终三个法国中层官员（在平克尼等三人的报告中以X、Y和Z称呼）与他们会面。法方要求美方为总统亚当斯在1797年的愤怒措辞道歉，并暗示只要美国人塞一点钱到合适的人手里，法国政府的车轮就可以行进得更加迅速并驶向更为有利的方向。但在这里，合适的人指的是他们三人自己，还是塔列朗或是他们四人，至今还不清楚。

美方代表发怒了。平克尼说道，"不！不可能！六个便士也别想得到"——这个用语后来被改为激昂的口号"宁可花费百万防御，也不贿赂一分钱！"代表团向亚当斯总统起草了报告，由马歇尔带回美国。马歇尔抵达费城时，联邦党人精心安排了一场欢迎盛会。亚当斯总统迫于共和党人的计策，发布了代表团的全文报告，法国敲诈勒索美国的意图披露无遗。消息迅速传开，美国人民被激怒了。

原本杰弗逊、麦迪逊和共和党的盟友是法国友好的朋友，同时对英国持怀疑的敌对态度，但现在 XYZ 事件让他们惊愕不已。虽然法国督政府认为美国人的愤怒是天真愚蠢之举，但法国官员的贪婪昭然若揭，他们对美国尊严的践踏已是既成事实。然而，杰弗逊和支持者们担心联邦党人可能会利用这场争端。他们怀疑与汉密尔顿结盟的参议员和代表们会争相鼓动亚当斯以这场争端作为托词，借机发动与法国的战争。事态的发展不久后便证实了杰弗逊等人的担心。

当美国和法国的军舰在公海上对峙时，在总统亚当斯的呼吁下，美国国会颁发了有关备战的大范围措施。首先，联邦党人开始扩充美国陆军和海军，并创建了具有内阁级别的海军部。其次，他们采取了一些对所谓国家安全的保卫措施，包括通过"外侨和惩治叛乱法"（the Alien and Sedition Acts），而共和党人则认为这几部法律是联邦党人对 1795 年颁布的英国法律的翻版。

联邦党人支持这些法律。他们害怕大批难民会从爱尔兰和法国涌入美国的城市，而难民们可能具有的危险及革命的理念会威胁到美国的宗教和秩序。因此，出台的《归化法》将外国人（"外侨"）取得美国公民资格从在美居住的 7 年提高到 14 年；《归化法》和《敌对外侨法》给了政府极大权力，可以驱逐任何非美国居民的外国人。共和党人曾对这些难民表现出欢迎态度，很多人也成了小册子作家或担任共和党的报纸编辑。因此，共和党人认为，将外国人驱逐出境是对美国自由的严重打击。

《惩治叛乱法》似乎也是一部危害自由的法律。它针对的是任何批评政府或批评特定官员的个人。在英国，普通法通过了一项诽谤政府的罪名，即针对政府或官员的口头或文字诽谤。至于诽谤是否真实并不重要；事实上，其法律原则是："越是真实，越是诽谤。"

1798 年美国《惩治叛乱法》与英国法律的不同体现在两个关键之处：政府无权限制出版自由（"预先制约"），而被告有权申辩出版物的真实性及出版的良好动机。支持此项法律的联邦党人认为，保护政府及当政官员的荣誉和声望至关重要。他们坚称，宪法以及它授权组建的政府十分脆弱，政府的未来取决于组成政府的个人。如果任何人都可以破坏这些人或是政府的名声，那就是威胁要推翻整个宪法体制。

共和党人则对此有不同的看法。他们坚持认为，公共批评不会对强大的政府构成威胁，只要是能被称为政府的机构，就不需要任何法律来制止那些可能助长公共批评的异见。在他们看来，《惩治叛乱法》会压制对政府、总统以及其他主要官员——虽然没有特指杰弗逊，因为副总统没有在不能被批评的官员之列——的健康合理的批评。共和党人指出，杰弗逊不在特定官员的名列之中，正是这个法令的政治目的。其政治目的还体现在，法令将于 1801 年 3 月 3 日失效，这正是亚当斯总统任期及第六届国会任期的最后一天。法令背后的用意十分明显。如果联邦党人在 1800 年第七届国会中获得了大多数选票，他们就会重新颁布《惩治叛乱法》，但如果他们被扫地出门，共和党人就失去了可以对抗联邦党人的这条联邦法律。

杰弗逊选择在公共场合一言不发，只在私人信件和幕后的政治活动中表达自己对于"外侨和惩治叛乱法"的意见。1798 年 7 月 4 日，在《惩治叛乱法》颁布之后，他写信给弗吉尼亚的小册子作家、卡罗来纳的种植园主约翰·泰勒（John Taylor）：

> 再有一点耐心，我们就会看到巫师统治的结束：他们的咒语解除，人们恢复自己的判断，并且让政府重新遵守真实的准则。与此同时，我们现在的确正遭受精神的折磨，并承受着战争的恐惧和巨大的公共债务所带来的长期的萧条……如果这场比拼有时对我们不利，我们必须耐心等待运气的到来，这样才会有机会争取已经失去的准则，因为在这场比拼中，准则才是至关重要的。

杰弗逊还警告泰勒泄露信件的危险，以防落入"彼得·箭

猪"［英国政治作家和联邦党人士威廉·科贝特（Willian Cobbett）
的笔名］等联邦党中伤者手中："提醒你不要让我的一字一句公
之于众，这是几乎没有必要的。只要让彼得·箭猪抓到一句
话，就足以让我在报纸中遭受几个月的骂名和伤害。"

　　杰弗逊反对《惩治叛乱法》，因为在他看来，第一修正案
剥夺了联邦政府通过此类法律的权力。他的盟友詹姆斯·麦迪
逊同意这个观点，并且进一步认为，任何美国政府，无论是联
邦政府还是州政府，都不能颁布此类法律。但杰弗逊认为，各
州有权依据原有的普通法处罚诽谤政府的个人，并且日后若作
为总统，他会实践这些想法。

　　杰弗逊和麦迪逊认为联邦党人企图建立专制，义愤填膺之
下，他们试图敦促各州抵制"外侨和惩治叛乱法"。肯塔基州
议会于 1798 年和 1799 年分别通过了杰弗逊起草的两套决议。
决议宣称一个州有权力推翻或废止不合乎宪法的联邦法律，并
且可以在本州范围之内阻止法律生效。杰弗逊的主张几乎把他
带入了拥护脱离联邦——一个州可以脱离联邦而存在——的危
险境地。与此同时，弗吉尼亚州议会于 1798 年通过了麦迪逊
起草的决议。决议并没有呼吁废止法律，而是主张一个州可以
横置于州居民和联邦权力之间，并要求其他州考虑联邦政府是
否超越了其合法权力——提出异议原则。

　　杰弗逊和麦迪逊希望肯塔基和弗吉尼亚州决议可以推动各
州反对联邦党人的违宪行为，但是其他所有的州，不管是北方

还是南方，都反对弗吉尼亚和肯塔基的立场。1800 年，麦迪逊起草了弗吉尼亚议会报告，重申了弗吉尼亚认为"外侨和惩治叛乱法"违宪的立场，但是他和杰弗逊都失望地看到，弗吉尼亚和肯塔基处于孤立无援的境地。

杰弗逊赞同其他共和党人的看法，即联邦党人依"外侨和惩治叛乱法"采取的行为应该成为 1800 年竞选的一个关键问题。出于这个目的，杰弗逊发起了他政治生涯中最不光彩的一项活动，几年以后他也因此烦恼不已、窘迫难安。爱好搬弄是非的记者詹姆斯·汤姆森·卡兰德（James Thomson Callender）从家乡苏格兰逃往美国，以躲避诽谤政府的罪名。卡兰德加入了共和党的阵营，幸灾乐祸地发表了数篇文章和一些小册子，对联邦党人进行恶意攻击。杰弗逊为卡兰德提供了私人基金，却同时多次宣称自己与报纸上的文字没有一点关系。

杰弗逊的友好和支持使卡兰德大为感动，也让他更为投入。就如他预想的，愤怒的联邦党人因其反对亚当斯的文章对他提起诉讼。卡兰德在弗吉尼亚巡回法院受审。按照管理联邦法院的最初法律，美国的每个巡回法院都由最高法院的一名法官主持，这种做法称为"巡回审判"。主持卡兰德审判的是马里兰的大法官及忠实的联邦党人塞缪尔·蔡斯（Samuel Chase）。性情暴躁的蔡斯对卡兰德的文章大动肝火，在审判过程中甚至没有表现出一丝公正。法官席上的蔡斯对卡兰德迅速进行了宣判，做出罚款和监禁的决定并提出训斥，卡兰德成为对共和党的示威之举，表明联邦人决意要在美国建立专制。

弗吉尼亚人为了准备 1800 年总统选举，再次与纽约共和党领袖及州长乔治·克林顿（George Clinton）和阿伦·伯尔建立政治联盟，而伯尔和克林顿对联盟的热情比四年前已消减不少。现在，共和党人充分意识到党内的地区分歧隐含的危害，因此他们试图互相联合，承诺要保护荣誉和相互支持，并且要步调一致地选举两名总统候选人。总体来说，当时的情况大致正是这样。

这些行动上的支持让杰弗逊派共和党人准备好了在 1800 年大选中有的放矢。并且，联邦党人给他们送来了一件意想不到的礼物——联邦党内的关系破裂使联邦党人联盟走向了一条实质上的毁灭之路。

第一枚倾倒的多米诺骨牌是亚当斯于 1799 年 2 月 18 日所做的决定，他宣布任命美国驻荷兰公使威廉·万斯·默里（William Vans Murray）与法国进行和谈。之后，亚当斯又在此次任务中加派了两名外交官：首席大法官奥利弗·埃尔斯沃思（Oliver Ellsworth）和北卡罗来纳州长威廉·R. 戴维（William R. Davie）（帕特里克·亨利由于身体不适，谢绝了此次任命）。亚当斯的决定在汉密尔顿派联邦党人中间引起轩然大波，他们秉着对法国不信任的态度，认为亚当斯的和平政策天真又危险，对此不屑一顾。杰弗逊及其盟友则感到亚当斯的倡议力度不够而且为时已晚。

第二枚倾倒的骨牌是 1799 年 12 月 15 日乔治·华盛顿的辞世。华盛顿在世时，联邦党人联盟内的派别表面上风平浪静；但现在，他们的分歧却公开了。汉密尔顿派联邦党人坚持对法国采取备战姿态，亚当斯派联邦党人则希望发掘与法国实现和平的潜力。这种派别冲突给亚当斯带来不少责难，因为他对巩固联邦党的内部团结没有发挥多少作用。亚当斯每次还要花上几周的时间去自己马萨诸塞的农场照看生病的妻子，因此时常不在总统之位。并且，他继续留任华盛顿的内阁成员，虽然这些人忠于汉密尔顿，但亚当斯担心如果替换掉他们，就会被人觉得自己是在质疑华盛顿的判断。亚当斯在家乡的时候，他的内阁经常征求汉密尔顿的意见，跟随他的方向，甚至在亚当斯背后与汉密尔顿见面。

1800 年 5 月，亚当斯发现这种情况之后勃然大怒。首先，他与战争部部长詹姆斯·麦克亨利（James McHenry）当面对质并迫使他辞职；几天之后，他又解雇了国务卿蒂莫西·皮克林（Timothy Pickering）。就这样，维系联邦党人的脆弱纽带在对手共和党面前断开了。汉密尔顿在与总统发生激烈的正面冲突之后，写了一本小册子，题为"关于美国总统约翰·亚当斯先生的公共行为和个人性格：一封来自亚历山大·汉密尔顿的信"，目的是敦促联邦党人转而支持亚当斯的竞选伙伴，XYZ 事件的英雄、南卡罗来纳的查尔斯·科特斯沃斯·平克尼。

汉密尔顿 10 月底出版了这本小册子，原打算在联邦党领袖之间散发传阅，但其内容却见诸报端——传闻这出于阿伦·伯尔的秘密谋划。随后汉密尔顿重印了小册子，他感到既然已经产生了不利影响，说不定也可以带来一些好结果；但小册子的广泛发行却毁坏了汉密尔顿和亚当斯的声誉，也把联邦党内的分歧摆在了公众面前。

联邦党内部解散的同时，共和党人则在谣言面前争取团结一致，比如有报道谣传杰弗逊突然死亡，这显然是阻止杰弗逊的支持者进行投票的计策。因为每个州议会选择各自的总统选举团成员，所以州议会的选举能够说明每个州在总统选举中的投票情况。又由于每个州的选举程序不同，因此各州的结果零零星星地汇总起来，持续了夏秋两季。在一些关键的州，联邦党人和共和党人试图削弱对方可能的优势，暗示州议会应该按两党各自在该州的力量分配选举人选票，或者反之，在自身政治优势占主导的州以"胜者全得"制度归拢该州所有选票。

这种拉锯战的结果就是共和党人夺得了总统以及参众两院的席位。但是，1800 年 12 月各州的选举人投票结果公布时，民众发现共和党人坚持让他们的选举人为两名候选人投票的行为有些过头了，而这个计策本是为了防范在选举结果上出现派内争斗。杰弗逊和伯尔每人获得 73 张选举人票，亚当斯和平克尼分列第三和第四。

1787—1788 年间宪法批准时，大多数美国人都预期，总统选举大都不会使某个候选人赢得多数票。选举人团会使选票

阿伦·伯尔让所有了解他的人
都又爱又恨。作为纽约的政治
领导人，他帮助杰弗逊赢得了
1800 年的总统选举，但后来失
去杰弗逊的信任，并因
叛国罪受审

减少但不会决定选举。而由于众议院在每州的代表有一票表决权，可以选择总统和副总统。但是，1789 年 1792 年乔治·华盛顿全票当选，以及 1796 年亚当斯勉强获胜，似乎显示出选举人团能够决定总统选举。这些经验让美国人不再按原有的预期理解宪法的作用。因此，1800 年总统选举出现的僵局让美国人有些慌张了，而如果是在 1788 年，这个结果却是符合美国人的预期的。

打破僵局的任务落在了任期将满且联邦党人占多数的众议院身上，而新组建的共和党的众议院直到 1801 年 12 月才会召开会议。这种新奇的事本来无甚紧要，因为前两名总统候选人都是共和党人；共和党人预想，伯尔会宣布自己甚至不会考虑替代杰弗逊担任总统一职。事实上，伯尔曾宣布他会顺从杰弗逊，但弗吉尼亚人坚称，是他拒绝考虑自己当选总统，这一点让伯尔恼火了。他还记得自己在 1796 年的选举中远远落后，并仍因此事对杰弗逊及其朋友耿耿于怀。另外，按照宪法，伯尔在理论上是总统候选人，他认为自己与杰弗逊一样有资格担任总统。为什么他得接受弗吉尼亚人的要求，即实际上公开自己不如杰弗逊且因此不能胜任总统一职呢？这是伯尔不愿意做的。

伯尔认为自己的行为完全符合自身性格和声誉，但杰弗逊的支持者为伯尔这种挑战他们的英雄的做法而怒气冲天。由于害怕伯尔会背叛杰弗逊，他们焦急万分，并开始产生极大的怀疑——伯尔将与落败的联邦党人密谋总统之位，背叛共和党及其领袖。更糟糕的是，有传闻说联邦党人正在估量这种可能性。

1801 年 2 月 11 日，众议院集会，听取了有关选举僵局的官方报告。之后，各州陆续投票。但杰弗逊的选票没有达到宪法所规定的各州代表的多数。众议院在努力打破局面的同时，低落的联邦党人也在为他们的下一步行动争论不已。他们已经没有希望选举亚当斯或平克尼；有些憎恶杰弗逊的人盘算着伯尔是否会愿意因为总统职位与他们打交道，这样他们便仍旧可以在政界占有一席之地。

与此同时，在纽约，那本反对亚当斯的小册子所产生的事与愿违的效果令汉密尔顿猝不及防，选举的结果更加让他感到震惊。1800 年 12 月 13 日，亚当斯总统写信给他的朋友威廉·图德，语气中带着苦涩的幽默，"汉密尔顿先生真是恰逢其时。这两个他最妒忌的人现在都超过了他。"当汉密尔顿了解到联邦党人正在考虑与伯尔进行交易以阻止杰弗逊当选时，他匆忙写信对伯尔提出警告。这两名纽约人相交已经有十多年了——不管是作为政治对手还是同为律师。汉密尔顿对伯尔一直不太信任；现在他更加充满了愤懑的情绪。1801 年 1 月 4 日，他写信给南卡罗来纳的小约翰·拉特利奇（John Rutledge Jr.）说道，

> 只要联邦党人维持正直和道义的标准，我对公众的福利就不会感到绝望。但是如果他们放弃这些标准，堕落到把政界中这名最不称职和最危险的人物抬到政府的最高职位，那我将再也看不到善良人们的希望了。

当汉密尔顿在纽约坐立不安之际，杰弗逊在首都华盛顿为任期将满的参议院主持会议，等待众议院的最终决定。他表面上不动声色，私下却因伯尔的背叛而怒火中烧。麦迪逊在背后维持着共和党的团结，也不止一次为伯尔敢于挑战杰弗逊的行为动怒。其他共和党人，比如弗吉尼亚州长詹姆斯·门罗，警告说他们不会容忍伯尔取得胜利。一些旁观者开始惴惴不安，担心如果众议院选择伯尔的话，有可能会引发内战。伯尔仍坚称自己愿意顺从杰弗逊并且杰弗逊应该当选，但就像汉密尔顿一样，杰弗逊和其支持者并不相信他。

围绕选举结果的争论凸显了伯尔作为公众人物和政治领袖的角色。表面上，伯尔看似与其竞争对手一样有资历。伯尔出生于 1756 年，他的父辈和祖父辈都是加尔文主义的牧师［他的外祖父是伟大的神学家乔纳森·爱德华兹（Jonathan Ed-

wards)]，伯尔曾就读于普林斯顿的新泽西学院，在麦迪逊毕
业时刚刚开始学业。革命初期，他参加了大陆军，在美国与加
拿大的战役中，虽战事告败，但表现英勇。1776 年，他加入
华盛顿将军的队伍，但是他不太看得起总指挥官，也不愿意从
事起草或抄写信件报告的工作，而是想得到战略战术的训练。
因此，他在华盛顿的队伍里坚持了难熬的两周，而后转入伊斯
雷尔·帕特南（Israel Putnam）将军的队伍，负责领导大陆军
与北部的新泽西和纽约的亲英分子作战。在激烈的战事中，伯
尔勇气可嘉，指挥有方，再一次树立了自己的威信。

　　因身体状况辞去军队职务之后，伯尔加入了纽约律师界，
业绩斐然。他娶了一名比自己大几岁的寡妇，其前夫是一名英
国军官。伯尔和妻子育有一女，女儿以母亲西奥多西娅
（Theodosia）的名字命名，伯尔的妻子不久后便去世了。虽然
伯尔没有在 1787—1788 年的宪法辩论中发挥主要作用，但在
1791 年，他作为一名主要的共和党成员已崭露头角，并接替
汉密尔顿的岳父菲利普·斯凯勒成为参议院议员。伯尔于
1797 年重新参选落败之后，在短期内担任了纽约的总检察长，
并对自己晋升的愿望毫不隐瞒。

　　虽然伯尔有过从政经验，并以勇敢著称，但许多与他同时
期的人却对他心存疑虑。伯尔与亚当斯、杰弗逊、麦迪逊或是
汉密尔顿不同，他对政治或宪政几乎不感兴趣。伯尔的支持者
认为这正是一种美德，是不受理论体系制约的冷静公正的观察

家。伯尔的敌人则指责他不代表任何原则，秘密地议论他想成为第二个拿破仑或恺撒。伯尔的私生活也引起了对于他当政资格的质疑。他不仅有讨女人喜欢的不光彩的名头，对金钱的挥霍和不负责任堪比任何一位弗吉尼亚种植园主，并且他担任总检察长时的土地投机绯闻也使他声名败坏。

在杰弗逊和伯尔之间做出选择，是一群温和的联邦党代表与自己的内心良知争斗的过程。他们想过支持伯尔就有希望在政府中赢个一官半职；但是，随着国家危机感加重，他们得考虑再三了。最后，他们决定，支持伯尔会给宪法或联邦带来不必要的风险。但即便如此，他们还不能给杰弗逊投票。在特拉华州的詹姆斯·A. 贝亚德（James A. Bayard）的带领下，他们想到了一个方案，既能帮助他们打破僵局，又可以不失面子。

1801 年 2 月 17 日，在第 36 次投票上，特拉华、南卡罗来纳、佛蒙特及马里兰州的联邦党人投了空白选票。实际上，他们是弃权了，这样众议院大多数州代表投票给杰弗逊，满足了宪法的要求。三天之后，一个由参众议员组成的委员会正式告知杰弗逊关于他当选的消息；杰弗逊发表了一篇简短友好的演讲，从演讲可以看出他为选举僵局的终结舒了一口气。

贝亚德和同事们一边同意在众议院打破僵局，另一边贝亚德也试图从杰弗逊手中得到回报——作为解决选举危机的代价，对方承诺会接受联邦党的某些原则。在 1800 年选举的

100 多年之后，贝亚德和他的后代还坚称杰弗逊确实做出了这样的承诺，但是杰弗逊和他的支持者们却矢口否认。

选举之后，政客们开始应对修宪的挑战，以避免再次出现争议性的选举结果。事实上，亚历山大·汉密尔顿首先想到了明确的解决方案，但国会在将近四年后才予以同意。宪法的第十二修正案于 1803 年提议，并于 1804 年获批，确定总统选举人应该分别为总统和副总统投票。在这个过程中，修正案注定了联邦党人的厄运，因此很多新英格兰联邦党人极力反对。

更大的政治力量把联邦党的优势限制在新英格兰地区，他们失去了任何获选总统的机会。在原有的选举人团中，他们最大的胜算是把有争议性的选举结果交由众议院处理，而在众议院中他们可以与最终的胜出者讨价还价，争取权力和影响力。现在，第十二修正案却永远排除了这样的可能性。

虽然 1800—1801 年选举人团的僵局让人不堪回首，但 1800 年的总统选举成了美国历史甚至是世界历史的里程碑。它标志着和平时期共和国内首个权力的过渡，并且是从一个"党派"过渡到另一个"党派"。对此，温和的联邦党领袖功不可没，比如爽直的约翰·亚当斯总统和美国新任首席大法官、来自弗吉尼亚的约翰·马歇尔，他们努力促成了从联邦党政权向共和党政权的和平过渡。但令人遗憾的是，亚当斯对选举结果愤愤不平，对杰弗逊放任并不切实际的政治理念怒气冲冲，并且因自己私人的痛苦饱受折磨。1800 年 12 月，他的儿子查尔斯·亚当斯（Charles Adams）于 30 岁英年早逝，当时查尔斯正试图摆脱酗酒，且在不久前损失了他的长兄约翰·昆西·亚当斯（John Quincy Adams）交给他的一大笔钱，因此死亡原因有可能是意外溺水或自杀。

亚当斯试图为联邦党人在政府中维持一席之地，因此利用了任期将满的联邦党国会通过的法令——《1801 年司法条例》。这项法律创建了一套新的联邦上诉法院和其他的司法机构，是最高法院法官和法律界孜孜以求的创举。因此，亚当斯已经开始改善联邦法官职位并为落败的联邦党人做出一些挽回。他把忠实的联邦党人任命到这些新的职位，由参议院迅速进行确认。所以，亚当斯的敌人声称总统在职的最后一天还在通宵熬夜，为"午夜法官"签署官方证明（司法状纸），但显然他们的认识是错误的。

亚当斯和杰弗逊在 1801 年初见了几次面，但两人的谈话丝毫没有恢复他们之间的紧张关系。并且，亚当斯受挫的情绪以及对儿子不幸去世感到的痛苦，使他不想参加杰弗逊的就职仪式。1801 年 3 月 4 日凌晨 4 点，他坐上马车，离开了华盛顿，开始了去往马萨诸塞的漫漫伤心之旅。之后的很多年里，他和妻子阿比盖尔·亚当斯——一个在很多方面更加刚健和坚定的政客——一同平复受伤的情绪，并为失去杰弗逊这位曾经最亲密的朋友而扼腕叹息。

第八章

"我们都是共和党人，我们都是联邦党人"（1801—1805 年）

　　托马斯·杰弗逊在担任副总统期间，居住在首都华盛顿的康拉德和麦克芒恩旅馆。1801 年 3 月 4 日这天，他早早起身，朴素地穿戴好，在一群朋友和支持者的簇拥下走向尚未完工的国会大厦。在参议院会议厅，杰弗逊在首席大法官约翰·马歇尔的主持下宣誓就职，成为美国第三任总统及第一个在美国的永久首都举行就职典礼的总统。马歇尔和副总统阿伦·伯尔站立在侧，杰弗逊转向聚集的国会议员及一千多名旁观者发表了就职演说。就像主持人和政治观察家玛格丽特·贝亚德·史密斯（Margaret Bayard Smith）在日志中记载的，杰弗逊颤抖的声音仅为会议厅的前几排听众所及，听众们失望了。但是，当人们后来在报纸上读到他的讲话时，他们体会到了民主信念的真切告白。

　　杰弗逊强调自由——尤其是人民批评政府的自由——帮助美国政府成为"地球上最强大的政府"。他还坚称"我们都是共和党人，我们都是联邦党人"，即所有的美国人都反对君主制并拥护共和政府，所有的美国人都认可政府权力在联邦政府和各州政府之间得到了很好的分配。最后，他重申自己关于"明智、节约政府"的承诺，即政府会与所有国家友好共处，但"不与任何国家结盟"。这些论点阐明了他的一系列宗旨，即对宪法做出狭义且严格的解释，控制全国性政府的权力，以及规避被拖入欧洲战事的危险。

就职仪式之后并没有举行庆祝晚宴或舞会。杰弗逊希望新政府能展现简朴的共和风范，而庆祝活动则与此相悖。根据传闻，杰弗逊走回了他的旅馆，与其他住宿的人一起等候排队吃饭。两周之后，他才搬到宽敞通风的行政官大楼，即现在的白宫。

杰弗逊把他的胜利称为"1800 年革命"，这场胜利保障了美国革命取得成功。他认为，自己成功当选说明选民们反对政府向着一条集权化、君主制、贵族制、英国影响及腐败的道路行进；与此相对，选民们支持他自己的方案，即让国家和政府重新回到遵守革命原则和美国人民性格的轨道上来。杰弗逊承诺会履行两场革命的愿景——1776 年革命和 1800 年革命。1801 年 3 月 6 日，杰弗逊就职两天之后，他给第二届大陆会议的老资格代表、特拉华州的约翰·迪金森（John Dickinson）写信说：

> 我们所经历的风暴确实是巨大的。我们的大船已经历经艰险。她冒着倾覆的危险，乘风破浪。我们一定要把她拉到共和的路上来，她也会通过她的英姿展示出建造者的

技术。

杰弗逊向迪金森断言，自己的当选意味着人类可以自治的这一理念复苏了，因此他预测其他国家也会效仿美国的例子，把幸福传递到全世界越来越多的地方。

"意见的分歧并不都是原则的分歧"

1801年3月4日，托马斯·杰弗逊总统发表了美国历史上最具说服力的就职演讲之一。杰弗逊试图为自己的第一个任期定下基调。他同时代及后代的人们称赞，这篇演讲是杰弗逊民主信仰的有力证词。

意见的分歧并不都是原则的分歧。我们用不同的名字称呼信奉同一原则的兄弟。我们都是共和党人，我们都是联邦党人。如果我们当中有任何人想解散联邦或改变其共和形式，且不要让他们受到干扰，因为只要理性可以自由地对抗错误的意见，错误就可能得到容忍且相安无事。事实上，我知道，有些正直人士担心共和政府不会成为强大的政府，担心我们这个政府不够强大；但是在成功实践的浪潮之下，诚实的爱国者是否会抛弃一个至今还能给予我们自由和坚定的政府，原因就是在他们的理论和想象中，他们担心这个政府，这个世界上最有希望的地方，有可能需要力量来自我维系？我相信他们不会。相反，我认为这个政府是世界上最强大的政府。我认为只有在这个政府下，回应法律号召的人才会奋力达到法律的标准，并且像对待个人利益一样，迎击破坏公共秩序的行为。有时候人们说一个人的政府不能交由他自己来管理，那别人的政府可以交给他管理吗？还是我们已经找到国王式的天使来管理他呢？就让历史来回答这个问题吧。

资料来源：Thomas Jefferson, First Inaugural Address, March 4, 1801, in Merrill D. Peterson, ed. *Thomas Jefferson: Writings*. New York: Library of America, 1984, pp. 492 - 496.

　　杰弗逊把总统职位建立在几个主要原则之上。他试图消灭任何一丝君主制和贵族制做派的痕迹并取消汉密尔顿的财政政策，尤其是国家债务、常规陆军和强大的海军。同时，他致力于把联邦党人排除在联邦司法机构之外，因为他确信这些人会利用自己的权力来破坏杰弗逊派共和党人的规划。他还为联邦行政职位选取候选人以强调对共和价值的承诺。但是，杰弗逊的承诺有其局限性。1807 年，财政部部长阿尔伯特·加勒廷（Albert Gallatin）建议杰弗逊任命女性担任联邦职位，杰弗逊反应冷淡，说："是公众没有做好准备迎接让女性任职这一创举，而不是我。"

　　为了让政府有章可循，杰弗逊完善了一种新式的总统领导权。他不善公共演说，更喜欢问政于亲密的朋友圈子。基于自己的倾向以及通过观察乔治·华盛顿所吸取的教训，他为总统职位设立了两条原则：与内阁结成伙伴关系，与参众两院的共和党领袖进行合作。这样做的目的是让他的政府成为在行政层和立法层之间缔造友好关系的典范。

杰弗逊还利用自己杰出的写作天赋把握美国社会事务的重点——无论是在他的就职演说、对国会发表的言论还是在涉及关键国家问题的构思精巧的公共信件中。1802 年 1 月 1 日，杰弗逊给康涅狄格州丹伯里浸信会联会写了一封信，他在信中反驳了联邦党人对他反宗教立场的攻击，并宣称自己支持宪法所要求的严格的政教分离原则。这封信反映了杰弗逊的诸般努力，以捍卫自己不与宗教为敌的角色，及反对政教不分家的立场。

经过助手们的仔细审阅，杰弗逊寄出了这封信。在寄信的当天，他迎来了有名的浸信会牧师约翰·利兰（John Leland）的到访。利兰给杰弗逊带来了一份壮观的礼物——由他的浸信会教友制作的一块重达 1 235 磅的切达奶酪（还有三块小一些的奶酪，每块 70 磅）。利兰不辞辛苦，用一辆六匹马拉的车把奶酪从马萨诸塞的柴郡运送过来，马车上写着一幅标语："全美最大奶酪，献给美国最伟大的人。"杰弗逊付给利兰 200 美元，这样就不会有人指控他收受贫穷的新英格兰农民的礼物。[1805 年，新罕布什尔州的联邦党参议员威廉·普卢默（William Plumer）在日记中记述杰弗逊给他尝了一些那块著名的奶酪，而他认为其味道"完全说不上好"。]两天后，杰弗逊参加了利兰在众议院会议厅主持的一个浸信会仪式。

"隔离之墙"

1802 年 1 月 1 日，针对丹伯里浸信会联会请求政治支持，杰弗逊写信做出回复。他试图说明自己的宗教观及教会和国家分离的观点。他对于执意让有组织的宗教和政府结盟的联邦党人提出质疑，并坚称第一修正案建立了"教会和国家之间的隔离之墙"。

先生们——代表丹伯里浸信会联会，你们向我表达的尊重和认可的亲切感情，给予我极大的满足感。我的职责就是忠诚而热情地为选民们谋利益，就像他们相信我会忠实地履行职责，因此这项工作是越来越令人愉快的。

与你们一样，我认为宗教仅仅是一个人和他所信仰的上帝之间的事，这个人不需向任何其他人解释他的信仰或礼拜，政府的立法权对行动而不是观念有效，因此，本着最高的敬意，我慎重考虑全体美国人民宣称的条例，即立法机关"不得制定设立任何宗教或是禁止其自由运行的法律"，这样一来，教会和国家之间便树立了一道隔离之墙。它表达了代表良知权利的国家的最重要意愿，我十分支持并为这些观点的进步感到欣喜，这些观点可以让人们重新拥有他们的所有自然权利，并且我确信他们的自然权利是不与其社会职责对立的。

我与你们一起善意地祈祷人类共同的上帝和创造者对我们的保护和福佑，并给予我对你们自身以及宗教联会的崇高敬意和尊重。

资料来源：Thomas Jefferson to Messrs Nehemiah Dodge and Others, a Committee of the Danbury Baptist Association, in the State of Connecticut, January 1, 1802, in Merrill D. Peterson, ed. *Thomas Jefferson: Writings*. New York: Library of America, 1984, p. 510.

对于联邦党人指责自己是无神论者并与所有宗教为敌这件事，杰弗逊在深感痛苦之余，把自己对于宗教的兴趣与政治目标结合在了一起。他进行宗教研究的灵感之一来自约瑟夫·普利斯特利（Joseph Priestley）教士，普利斯特利是一名英国自由派神学家，以发现氧气等化学研究闻名。作为美国和法国革命的亲切朋友，他为躲避英国政府秘密支持的暴动逃离了自己的家乡英国的伯明翰市，在宾夕法尼亚西部定居下来，继续科学实验，并广泛地著述基督教的早期历史。他的核心目标是找回耶稣的话语和教义，祛除几个世纪的神话和迷信——据他而言是教士和神学家所致。杰弗逊决定写作一本浓缩四福音书精华的小书，并把它作为对联邦党人所持迷信的攻击。

　　1803 年 4 月 21 日，杰弗逊写信给自己的朋友、《独立宣言》的签署人本杰明·拉什医生，表达自己对普利斯特利的敬意，他写道："基督教的腐败，我确实是反对的，但我不反对耶稣自己的真实戒律。我是一名基督徒，但我仅仅秉承他最初对我们的希望，相比于其他任何教义，我真诚地恪守他的教义。我把人类所有的优秀归功于他，并认为除此之外，他无任何要求。"1804 年，杰弗逊写作了一份手稿，名为"耶稣的哲学"，附带着尖刻的副标题："为印第安人所用——事实或信仰虽为他们不解，却能被泰然处之"。他在此设想的"印第安人"不是土著民而是联邦党人。杰弗逊并未出版手稿，而是搁置一旁，后又遗失；直至 1983 年手稿经过学术整理作为《托马斯·杰弗逊文集》（*The Papers of Thomas Jefferson*）中的一部分得以出版。

　　在总统执政方面，杰弗逊决心展现自己对共和风范的坚守。比如，因为英王宣布议会开会时会发表开幕词，所以杰弗逊拒绝在国会联席会议上发表国情咨文演说。（这个决定也正好符合他对公共演讲避之不及的性格。）反之，杰弗逊会将书面文字寄送给执事，让他读给参众议员，这一先例得以沿袭一个多世纪。为体现共和原则，杰弗逊还确立了总统执政的其他方式。执政官大厦某种意义上成为杰弗逊展示自然历史标本的国家博物馆；杰弗逊在办公室里养了一只名叫迪克（Dick）的宠物嘲鸫①，迪克经常待在笼子里，有时杰弗逊也会让它出来在房间里放放风。

1803 年，新任英国驻美公使安东尼·梅利（Anthony Merry）爵士被引见给总统杰弗逊。梅利按照欧洲风俗身着外交礼服，拿着仪仗，来到行政官邸。但他却惊讶地发现杰弗逊接见他时衣着随便，穿着晨衣及一双破旧的轻便拖鞋。梅利还抱怨说杰弗逊对社会等级也显得不屑一顾。按照旧世界的礼节标准，客人们参加国宴应该是按级别入座，而杰弗逊却下令每个人坐在自己想坐的座位上。杰弗逊用法文中的无序一词称呼这种就座方法：类似于随乐声抢椅子的游戏，客人们如果不够眼疾手快抢不到想要的座位，要么就只能坐在餐桌最末端，要么就只能站着，两手尴尬地把弄杯盘碗碟。

欧洲的外交官虽然嘲讽总统的共和式礼节，但他们却承认杰弗逊是外交方面的专家。杰弗逊敏锐地意识到美国是国际社会中的一个新生而脆弱的成员，因此遵循谨慎的外交政策。他试图让美国远离与欧洲强国之间的不必要冲突，尤其是避免卷入拿破仑的法兰西帝国和欧洲其他国家之间的战争。同时，杰弗逊又急切并主动地捍卫美国的利益，即使这意味着有可能与西班牙或法国交恶。这种愿望正促成了他最重要的外交成果——1803 年的路易斯安那购地案。

---

① 嘲鸫（mockingbird）：产于美国南部，能模仿别种鸟的叫声。——译者

杰弗逊知道，西班牙对于密西西比河下游以及新奥尔良港口的控制威胁到了深南部美国人的定居点，可能会促使当地居民脱离联邦并成为西班牙控制下的独立州。因此，他决定在此地区维护美国的权力，希望迫使西班牙放弃在北部的殖民地。杰弗逊开始计划组织远征军对美国领土内外的北美大陆心脏地区进行勘察，该军队由他的秘书及曾任美国陆军上尉的梅里韦瑟·刘易斯（Meriwether Lewis）领衔。杰弗逊把此次远征定为科学调查，旨在收集关于自然界的知识。与此同时，国家的权力得到维护，尤其是对美洲内陆的所有权。

杰弗逊计划这场远征的同时，了解到法国正在夺取西班牙在美洲的殖民地，包括路易斯安那领地和新奥尔良。因此，他任命了一名受重视的政治盟友——罗伯特·R. 利文斯顿，前去法国说服法兰西共和国的第一任执政官拿破仑·波拿巴，让他把新奥尔良出售给美国。起初，拿破仑和外交部长塔列朗（1798年XYZ事件的关键人物）严词拒绝；杰弗逊遂派遣詹姆斯·门罗前往协助利文斯顿。拿破仑和塔列朗也重新进行了考虑。意识到路易斯安那使财政亏空后，拿破仑想用现金进行交换。塔列朗表示同意，并认为法国应该全身心关注欧洲。所以，在门罗到达几天前，两人便与利文斯顿提出了一个大手笔交易，那就是以1 500万美元，即每英亩不到四美分的价钱，出售新奥尔良地区，而且包括整个路易斯安那领地。利文斯顿惊呆了。

　　总统杰弗逊和国务卿麦迪逊听说这个方案之后，又惊又喜——而且十分紧张。这个条约合乎宪法吗？杰弗逊细查了宪法，却没有发现任何条款允许联邦政府制定购买土地的条约或花钱去购买土地；为了批准此类措施，杰弗逊甚至草拟了一项宪法修正案。1803 年 9 月 7 日，他写信给弗吉尼亚的参议员威尔森·加里·尼古拉斯（Wilson Cary Nicholas），说道：

　　　　当一条法律可以有两种解释，一种是安全的，另一种是危险的，一种是精确的，另一种是含糊的，我倾向于安全且精确的解释。我愿意在必要之时要求国家权力的扩大，而不是错误地采用让我们有无限权力的解释。我们的特别保障在于我们拥有成文宪法。我们不要把它解释成一纸空文……我们要继续完善它，通过宪法修正案的方式，加入经时间和经验证明的必要权力。

　　但是，杰弗逊最终断定，法国提出的交易极其宝贵因此不会有人质疑它是否合宪，于是杰弗逊把暂不需要的修正案决议搁在一边。他相信，如果必要的话，国会可以自行提出此类修正案，在条约签署之后再让它合宪。1803 年 4 月 28 日，法美签署了整个路易斯安那购地案的三项条约。杰弗逊虽然因为放弃了对宪法的严格解释而遭到联邦党人嘲笑，但参议院不久便批准通过了条约。

　　同时，杰弗逊重新开始计划由刘易斯上尉和威廉·克拉克（William Clark）中尉领导的远征。远征的首要任务是找到并绘制出一条通往太平洋海岸的西行路线——三百年来欧洲人和美国人寻求的西北通道。本着这个目标，并倚仗自己在探险历史上的广泛阅读和研究，杰弗逊为刘易斯制定了一套规则，然后展示给他的内阁成员。这一次，麦迪逊几乎提不出任何意见了。相比之下，精明机敏的利瓦伊·林肯（Levi Lincoln）——总检察长以及出色的政治家——却警告说远征军要找的西北通道可能并不存在，这场高成本的探险恐怕会沦为笑柄。

林肯督促杰弗逊给考察队制定一些有能力达成的目标，这样，即便考察队的最主要目标没有完成，也不至于空手而归。杰弗逊采纳了林肯的建议，对稿件进行了修改。他于 1803 年 6 月 20 日写给刘易斯的机密信件，成了远征军宪章并为日后政府探索自然的活动设立了标准。除了寻找西北通道，刘易斯和克拉克还将绘制美洲大陆的内陆图，评估动植物生命及自然资源，与印第安部落建立联系和贸易往来。在这些方面，刘易斯、克拉克及其"探险军团"获得了史诗般的成功。他们往东寄回了许多动植物标本、考察日志及大量土著民语言的词汇表。此外，他们还说服印第安部落向首都华盛顿的"伟大之父"派遣使团。

在刘易斯和克拉克的西进过程中，他们发现土地越来越崎岖不平，大而高耸的山脉横亘其中，还有广阔的沙漠以及湍急奔腾的河流，连轻巧的独木舟也无法穿行。他们还了解到北美比任何人认为或预想的都要大。虽然他们于 1805 年到达了太平洋，一年之后他们返回时却不得不向杰弗逊报告，想象中的西北通道其实不存在，杰弗逊失望之余，却为他们所带回的极其丰富的报告、旅行日志和动植物标本感到高兴。因此，从很多方面来说，杰弗逊也是一名美国西部的探险家，正式参与了刘易斯和克拉克具有历史性意义的远征。

杰弗逊、刘易斯和克拉克三人基于自己的看法，怀揣对土著民的诸多推论。考察队员把和平勋章呈现给部落首领时，他们和杰弗逊都推断任何接受了勋章的人即臣服于"伟大之父"（总统华盛顿、亚当斯和杰弗逊给印第安部落传信时对自己的称谓）的政治力量。但他们想错了，因为大部分印第安部落首领认为自己与美国总统是平起平坐的，他们把勋章看成外事谈判时平等的两方交换的寻常礼物。并且，到东部来拜见杰弗逊总统的使团并没有屈服于总统的权威。相反地，他们要求进行商品贸易并坚持作为平等两方洽谈贸易条约。杰弗逊、刘易斯和克拉克与印第安人部落首领之间的误解，宣示着此后白人和土著民之间类似冲突的延续。

杰弗逊政府继续寻求与印第安部落建立友好关系，但是这种看似开明的政策背后的依据在今日看来却显得十分棘手。杰弗逊敦促同胞们放弃对印第安人的敌对态度，但他又希望重塑印第安社会以让他们更自然地融入扩张之中的"自由帝国"。他暂时把自己政教分离的严格承诺搁置一旁，派遣基督教使团在西部领地建立学校，以期对印第安人进行教育——并且让他们转而信奉基督教。他还试图说服印第安人采纳欧美关于土地所有的概念，发展基于个体农业的经济，放弃基于狩猎、采集及共同农业之上的文化。此外，杰弗逊还推动男性从事农业活动，而这从传统上来说是妇女的职责。如果印第安人接受这种新的生活方式，就可以与白人邻居们联合建立一个致力于追求自由及和平的新社会。而如果他们因循守旧，杰弗逊警告说，那他们就会穷于应对白种美国人的扩张，并"从地球上消失"。

在杰弗逊的第一个总统任期中，他还面临着另外一项巨大的外交政策挑战，他从担任外交官的第一天起就不堪其扰。巴巴里海盗——北非巴巴里海岸穆斯林的船只（突尼斯、阿尔及尔、摩洛哥以及的黎波里）——几十年来统领着地中海，他国必须进贡以换取其船只放行。这些"巴巴里海盗"通常的做法是截获一只商船并扣留其货物和人员以索要赎金。1776 年之前，美洲的商船置于英国皇家海军的保护之下。但是，随着美国独立，船只不再受到保护，便往往落入巴巴里海盗之手。

整个 18 世纪 80 年代，杰弗逊收到了许多在北非被扣押的美国囚犯的求助，但是美国没有资金去赎回他们。杰弗逊在沮丧之余要求组建一支国际盟军，对巴巴里海盗宣战，但美国却缺少进行海战的金钱和资源，而杰弗逊想联合的其他国家怀疑盟军是否有效。

杰弗逊仍决意要阻止巴巴里国家对美国船只的袭击。1801

年，的黎波里（今利比亚首都）的帕夏①要求美国朝贡 22.5
万美元，每年还要再支付 2.5 万美元。杰弗逊拒绝之后，感到
受辱的帕夏随即宣战，杰弗逊派遣了一小队舰船前往地中海。
突尼斯和阿尔及尔因惧怕美国舰队，与的黎波里终止了同盟关
系。但是 1803 年，的黎波里截获了美国快速帆船"费城"号，
船长和船员被扣作人质。面对这场尴尬的打击，杰弗逊坚持了
下来，并于 1803 年至 1804 年间派遣了一支新的远征军，由海
军准将爱德华·普雷布尔（Edward Preble）率领，逼迫摩洛
哥与美国言和，并对的黎波里前后进行了五次海军轰炸。

　　1805 年，海军准将约翰·罗杰斯（John Rogers）和船长
威廉·伊顿（William Eaton）领导了对的黎波里的一次大胆
的海陆袭击，烧毁了"费城"号，救回了船长和船员，并威胁
要攻占的黎波里，把帕夏赶下王位。最后，帕夏和美国签订条
约，规定美国需支付每人头 6 万美元的赎金来交换被阿尔及尔
的代（统治者）扣为人质的水手。(1815 年，在经过十年断断
续续的冲突之后，美国的海军力量和外交政策最终迫使巴巴里
国家放弃朝贡要求。)通过这些事件，杰弗逊致力于对总统的
战争权进行宽泛解释——宣战无须征求国会同意，而是出于自
己的决定。

　　杰弗逊还面临着一个近在眼前的外交政策问题。加勒比海

---

　　①　帕夏：的黎波里最高长官。——译者

的圣多明各岛（今伊斯帕尼奥拉岛）一直是法国的殖民地；1791 年，受法国大革命启发，岛上受奴役的非洲人开始反抗法国的统治。1801 年，在杜桑·卢维图尔（Toussaint Louverture）的领导下，人们建立了海地共和国。杰弗逊警惕地关注着事态发展，认为此地可以成为遣送被释放的非裔美国奴隶和罪犯的理想之处；他还认为，如果法国被海地极大地干扰，也可能会放弃他们在北美大陆的殖民地。但是，杰弗逊同时又担心海地作为一个自由的黑人共和国可能会引发美国奴隶的叛乱。因此，他并没有对海地于 1804 年取得的最终胜利表示欢迎，而是拒绝承认这个新生的共和国，并且与盟友一起悄悄地支持南部州加强奴隶法并采取更为严苛的措施制止奴隶起义，以防范海地的经验被效仿。

杰弗逊虽然总体上坚持对宪法进行狭义解释，但他在使用行政权力时却大刀阔斧、游刃有余；杰弗逊在第一个任期中所取得的最伟大成就，就是他主动考验了总统的宪法权限。不管是派遣海军队伍反击巴巴里海盗，还是从法国手中获得新奥尔良港口和路易斯安那领地，抑或是组织刘易斯和克拉克远征军以探索西部领地，杰弗逊都证明了自己的足智多谋、随机应变。

美国人民对杰弗逊执政的反响让他有理由相信自己改变了美国社会生活的轨迹，并且受到了人们的欢迎。这主要体现在两个主要方面。第一，杰弗逊执政期间和卸任后，他收到了普通百姓寄来的几百封信件，有人赞扬他的政策，有人寻求帮助，有人提出方案——不论是精明的还是愚笨的——为发明创造或公共政策献言献策，更多的仅仅是发泄自己的感情。杰弗逊还成为愤怒、嘲笑甚至是死亡威胁的替罪羊；一位匿名人士甚至气急败坏地写道："托马斯·杰弗逊，你是上帝创造的十足的笨蛋。上帝诅咒你。"

很明显，杰弗逊是成为公众焦点的第一位总统；乔治·华盛顿和约翰·亚当斯执政时期，以个人名义或经常给总统来信的民众较少。杰弗逊平静地把这些信记上标签，放入自己的文件当中，并力图回复所有言辞合理的信件。至于他受欢迎的第二个表现，就是美国人开始热衷于总统的模样。在那段时间里，大多数美国人都没有机会一睹总统真容，甚至看不到华盛顿、亚当斯或杰弗逊的各种真人画像。但是从杰弗逊开始，雕刻师和印刷工为日益热切的市场创造了大量的作品。

尽管杰弗逊广受欢迎，他的第一个任期却也存在两大失意之处。其一有关公共财政。杰弗逊力图废除汉密尔顿的财政政策，并且如他在就职演说中所言，建立"明智、节约"、无国债的政府。1802 年 1 月 18 日，他向朋友皮埃尔·S. 杜邦·德·内穆尔（Pierre S. du Pont de Nemours）强烈抱怨说：

> 这个政府最初建立时，是有可能在真实的原则上运作的，但是汉密尔顿狭义、英式的观念却让这样的希望一开始就落空了。我们可以用 15 年时间还清债务，但是我们

永远无法摆脱他的财政体系。加强这些我认为本质上错误的原则令我羞愧难当，但是这种错误从第一天起就强加给了我们。

即使如此，瑞士出生的财政部部长艾伯特·加勒廷奋力减少国家债务，降低政府开支，促进西部公有土地的销售。才华出众、精力充沛的加勒廷找到了资金，支撑路易斯安那购地、刘易斯和克拉克的远征军以及与巴巴里海盗的战争。杰弗逊卸任总统五年后，加勒廷于1814年辞去财政部部长一职，把国家公共债务从8 000万美元（1801年的数字）减少到4 500万美元。但是，对于杰弗逊想要彻底消除汉密尔顿财政政策影响的愿望，加勒廷却无能为力。

杰弗逊的失意之处（同时也是他第一任中最大的失败之处）还在于，他在与联邦司法部门的斗争中败下阵来。由华盛顿和亚当斯指派的联邦党人控制了联邦法院，杰弗逊对此十分生气，也不信任他们。他反对《1801年司法条例》，根据这个条例，任期将满的联邦党国会和总统亚当斯得以任命忠实的联邦党人充斥新的各级联邦法院。支持此法律的人虽然解释说法院是为了减轻司法部门的工作量，但杰弗逊认为联邦党法官是共和主义的敌人并希望他们离职。

一堆废弃的文件引发了斗争。1801年3月，约翰·马歇尔离任国务卿接替首席大法官一职时，在国务院留下了一堆委任状——经总统签署和国务卿确认，证明委任状中被提名的人

担任联邦职务的官方文件。马歇尔当时无暇把委任状送到按
《1801年司法条例》委任的法官们手中，而没有委任状，则意
味着法官们不能就职。

国务卿麦迪逊在他的新办公室发现了这堆文件并与总统杰
弗逊进行了讨论，两人一致同意麦迪逊扣发这些委任状。威
廉·马伯里（William Marbury）因无法上任哥伦比亚特区治
安法官一职（并无法拿到薪水），愤愤不平地起诉麦迪逊，希
望他交出委任状。马伯里并不想走各级联邦法院的程序，因此
绕过了初审法院而直接去了美国最高法院提起诉讼。马伯里要
求最高法院下状纸——命令政府官员履职的文书。实际上，他
是在要求最高法院命令麦迪逊交出他的委任状。

马歇尔无法下令发出委任状，他面临着一个似乎不能取胜
的局面。他知道如果下了状纸，麦迪逊肯定会坐视不理，他也
无法让麦迪逊遵守，因为联邦法院依靠行政部门执行命令，而
杰弗逊政府肯定会拒绝执行马歇尔的命令。这样杰弗逊政府就
会取胜。如果他不下状纸，那他的不作为会让他看起来很软
弱，杰弗逊政府也会有可能取胜。同时，共和党人主导的国会
为了拖延马歇尔做出的任何决定，废除了《1801年司法条
例》，取消了最高法院于1802年8月的开庭，一直到1803年2
月才重新恢复。

1803年2月24日，马歇尔就马伯里诉麦迪逊案宣布了法
院判词。出乎所有人意料的是，马歇尔终于找到了一个两全其

美的办法。首先，他提出应该考虑马伯里是否有权利得到委任状。肯定回答之后，他告诫杰弗逊政府应该遵循法治，并谴责麦迪逊未能履职（发送马伯里的委任状）。之后他又询问马伯里寻求的解决方案——状纸——是否能够让马伯里得偿所愿，他再次做出肯定回答，接着进行了另一番告诫。

但是，马歇尔又问道，这个案件中是否由最高法院下达执行令？他寻找了可以授权法院这么做的法令，并在《1789 年司法条例》中找到了一条。他对法令进行了解释，表示它规定法院有权接受下达执行令的案件，因为这属于法院的"初审管辖权"——这一类案件可以首先在最高法院上诉，不需要从低一级的法院开始。但是，马歇尔又表示，宪法规定并限制了构成法院初审管辖权的案件。而《1789 年司法条例》似乎在扩大这类案件的范畴，因此与宪法相冲突。法院应该遵从宪法还是法令呢？马歇尔引用了汉密尔顿《联邦党人文集》第 78 篇的观点，说明只要法令与宪法相冲突，法院就必须遵从宪法并宣布法令违宪。

司法审查——法院推翻违宪法律的能力——是法院最重要的权力。在马伯里案件中，马歇尔坚定地维护并证明了法院这项关键且灵活的权力是合理的。通过巧妙的构思，马歇尔颠倒了法官通常书写意见的顺序，这样他就可以依据是非曲直断案，抓住机会要求司法审查。如果他遵循的是正常的推理顺序，首先就裁决马伯里告错了地方，因而驳回其诉讼，那他就不能赢得司法审查的胜仗，并且马伯里可能会在合适的法庭重新发起诉讼，并最终上诉到最高法院。

马歇尔更为巧妙的构思在于，当一项法令比宪法赋予法院更多权力的时候，他宣布这项法令违宪。通过反对违宪法令施予法院的权力，马歇尔赋予了法院巨大的宪法权力，使得法院成为宪法的权威解释机构。在马伯里案的同时，马歇尔法庭还裁定了另一项技术性案件——斯图尔特诉拉尔德案。法院根据大法官威廉·佩特森（William Paterson）的意见，承认《1802 年司法条例》合宪，废除了《1801 年司法条例》并撤销了依此建立的几个联邦法院。最后，马伯里最巧妙的地方在于，他不仅解决了这个困境，还使杰弗逊对自己和法院的行为束手无策。

杰弗逊十分恼怒，但对法院要求司法审查的权力并不生气。相反，他对马歇尔要求其政府守法的指责大为恼火。并且，他和盟友确定马歇尔和其他联邦党法官会使用他们的权力委过于共和党政策。除此之外，共和党想要达到两个相连的目标：处罚联邦党法官使用《惩治叛乱法》针对共和党编辑的行为，并且起用可信的共和党人在联邦法院任职。因此，在杰弗逊的支持下，共和党人主导的众议院准备使用宪法的弹劾程序把联邦党人赶下台。

1803 年底，杰弗逊的支持者开始活动了。首先，他们针对的是新罕布什尔州地方法院法官约翰·皮克林（John Pickering)。皮克林的表现愚不可及，不知是因为上了年纪还是酗酒过度，或是两者综合的原因。但皮克林案件并不符合弹劾的既定程序。宪法规定，包括法官等联邦官员只能因为"叛国、贿赂或严重犯罪和轻罪"受到弹劾。最后一个类别的原因可以涵盖特殊的犯罪——但并不是律师们所称的"能力欠缺"。联邦党人指责说，弹劾皮克林是旨在驱赶联邦党法官的违宪阴谋的第一步。共和党人因为持有选票，对联邦党人的指责置之不理。因此众议院发起弹劾，参议院审理之后做出判决，皮克林被撤职。

共和党的第二个目标是美国最高法院的大法官塞缪尔·蔡斯。共和党人没有忘记蔡斯主持巡回法院时偏袒的处理方式，尤其是他在詹姆斯·汤姆森·卡兰德因诽谤政府罪受审时的表现。像皮克林一样，众议院迅速对蔡斯提起弹劾，参议院开始审理。其中首席大法官马歇尔就是证人之一。由于共和党人以威胁的口吻暗示过马歇尔他会成为最后一个目标，因此马歇尔在参议院十分坐立不安。

但是，参议院审理蔡斯案并没有取得杰弗逊所希望的结果。其一，众议院的首席检察官、来自弗吉尼亚罗阿诺克市的约翰·伦道夫（杰弗逊的远亲）言行多变，导致此案进展不顺。其二，由卢瑟·马丁领衔的蔡斯的辩护团巧妙地指出了蔡斯案中的瑕疵。但是，最终的障碍来自副总统阿伦·伯尔。伯尔在任期内一直灰头土脸、愤愤不平。杰弗逊派共和党人因为伯尔在 1800 年至 1801 年选举中的做法对其不再信任，因此把他排除在政府之外。

从 1802 年开始，伯尔就有了与联邦党人合作的念头，联邦党人也对其 1804 年竞选纽约州长提供了支持。但竞选当中，汉密尔顿发起了强势比拼，使得伯尔的竞选于当年春天破产，狼狈不堪。两个月之内，两人又卷入了一场激烈的政治争端，双方都觉得自己的荣誉受损，决定于 1804 年 7 月 11 日在新泽西的威霍肯进行决斗。伯尔在决斗中一枪命中汉密尔顿，汉密尔顿第二天不幸去世。

汉密尔顿的死注定伯尔的政治生涯走到了尽头。几周之内，纽约和新泽西州的大陪审团因伯尔谋杀汉密尔顿对其进行起诉，共和党人选择了纽约州长乔治·克林顿代替伯尔担任杰弗逊的竞选搭档。但是，伯尔仍然是副总统，因此有权主持参议院会议，包括弹劾案的审理。他决定尊贵地履行自己作为副总统的最后职责；如果杰弗逊被激恼了，那再好不过了。他研究了英国的上议院弹劾审判的程序，掌握了弹劾的复杂步骤，甚至还把参议院会议厅装修成英国上议院的风格。

伯尔不失尊严并且公平地主持了蔡斯的受审，他甚至由此获得了政治对手的尊重。更重要的是，伯尔确定了弹劾审判应该是政治过程和司法审判的结合，而不是由占据绝大多数一方对政治权力的赤裸裸运用。这个原则奠定了日后所有弹劾案审理的基础。伯尔关于弹劾的观点以及他对蔡斯案的审理成为参议院宣布蔡斯无罪的关键因素。败诉使得杰弗逊弹劾并驱逐联邦党人的希望落空；但与此同时，杰弗逊想到弹劾可能会让联邦党法官不敢妄动，心里又有了些安慰。审判结束之后，伯尔在参议院发表了最后一次演说，演说表达了对共和政府以及对充当自由卫士的参议院的敬意，动情之处让听众潸然落泪。之后，伯尔离开了华盛顿动身前往美国西部，他的事业也由此画上句号。

虽然杰弗逊无法把联邦党人赶出法官席，但他采取了其他措施扭转因实施《惩治叛乱法》而产生的影响。首先，他赦免了按此法被判刑的罪犯，他还承诺偿还他们的罚款。虽然杰弗逊无法因为联邦党法官针对共和党报人的司法较量而处置他们，但他可以拒绝承认法官的判决，并消除对新闻自由造成的不利影响。

可是，杰弗逊的承诺却让自己陷入与另一个人的纠葛当中。詹姆斯·汤姆森·卡兰德曾经忠于杰弗逊，但杰弗逊现在却对他避之不及。卡兰德作为关押时间最长的共和党报人，纠缠不清地发来信件，要求杰弗逊和麦迪逊付还法官蔡斯对他处以的巨额罚款。掌握卡兰德罚金的是一名联邦党人，这位里士满的执法官却故意拖延偿付。杰弗逊和麦迪逊试图向卡兰德做出解释，但卡兰德并不接受，认准了对方是在支吾其词。一向不喜争执的杰弗逊让麦迪逊去应付卡兰德和执法官两人，这个棘手的任务便不得已地落到了国务卿麦迪逊身上。

　　如果卡兰德的目的仅仅是拿回罚金，那执法官付完款之后事情便可以了结了。但是，卡兰德认为自己在杰弗逊胜选中发挥了关键作用，因此他得到的奖赏应该等同于他为此牺牲的自由和金钱。他要求获得弗吉尼亚首府里士满邮政局局长一职，从而领取不错的薪水，还可以借此恢复自己的社会和政治声望。杰弗逊和麦迪逊深知，答应卡兰德的要求就相当于政治自杀。卡兰德很难缠，甚至与朋友之间也经常寻衅吵架；卡兰德的敌人嘲笑他地位低下，这让卡兰德怒火中烧。并且，里士满是约翰·马歇尔的家乡，也是联邦主义的大本营，让卡兰德任职必定像捅了马蜂窝一样。

　　卡兰德想得到合适奖励的意愿日益强烈，杰弗逊和麦迪逊的不置可否让他失望透顶，用以证明自己无辜的希望落空了。求官无门，再加上还款的拖欠，他烦恼不已，决定进行报复。加入里士满的《记录报》（*Recorder*）任编辑后，卡兰德把自己塑造成一名公正的记者，披露各方恶行。他撰写恶毒奚落的文章披露公共和私人丑闻，让朋友和敌人遍体鳞伤。虽然他口出狂言，但试图实事求是，这使他的攻击对象陷于更加痛苦和难堪的境地。

　　卡兰德针对他之前崇拜的人物发起的攻击最为人所知。1802年9月1日，他指控杰弗逊"这位人们乐于尊敬的人"正与他的一个奴隶——"黑色萨莉"打得火热，"黑色萨莉"指的就是萨莉·赫明斯。卡兰德声称杰弗逊与她生了七个孩子，其中有一个据称叫汤姆的孩子与总统十分相像。卡兰德如此幸灾乐祸有两个原因：被杰弗逊抛弃的愤怒以及作为种族主义者对白人和黑人私通的厌恶。但是，卡兰德写了两篇文章便后劲不足了；他把所有事实都摆在了公众面前，而公众显然并不买账。

虽然这项指控在联邦党人的操控下传遍了新英格兰地区，大多数选民们却认为这是令人反感的恶意中伤。卡兰德自己成了被嘲笑和怀疑的对象；批评者援引他日益严重的酗酒问题质疑他作为记者的可信度。1803 年 7 月 17 日，有目击者称卡兰德喝得烂醉在里士满的街头游荡，之后在附近的河流中便发现了他的尸体；很明显，他是跌倒溺水而亡。随之，诽谤杰弗逊与萨莉·赫明斯有关系的指控也烟消云散了。尽管如此，联邦党人还是一直利用赫明斯一事与总统作对。

杰弗逊因赫明斯一事遭到指控的同时，对他的另一项控告也浮出水面。约翰·沃克不知是从哪里听说杰弗逊在 18 世纪 60 年代企图引诱他的妻子，之后便决心要总统"满足其要求"——逼迫杰弗逊要么做出解释，要么与他决斗。杰弗逊倍感尴尬，不得已给沃克做出明确解释，承认是因为自己当时年少且没有家室，但沃克夫人断然拒绝了。杰弗逊揽下罪责，维护了沃克的声誉。

在杰弗逊第二个总统任期的最初几个月里，他仍旧被迫应对沃克事件。1805 年 7 月 1 日，他写信给海军部部长罗伯特·

史密斯（Robert Smith）："你会意识到对其中这一项指控我认罪了，那就是我年少未成家时曾经对一名端庄漂亮的女性表白过。我承认这么做是不恰当的。所有针对我的指控中唯独这一条站得住脚。"在后来的近两个世纪里，杰弗逊的支持者一直把这段文字理解为杰弗逊在否认与萨莉·赫明斯的亲密关系。

联邦党报刊让赫明斯和沃克事件持续发酵。1800 年选举落败和 1804 年可能再度败北让联邦党人灰心丧气，他们便诉诸这个最后的杀手锏——新闻。杰弗逊对这些攻击看似逆来顺受，幕后却鼓励共和党的州一级官员以普通法下的诽谤政府罪对联邦党报人在州法院进行起诉。他还坚称起诉并不与他反对联邦的"外侨和惩治叛乱法"相矛盾。在他看来，第一修正案虽然取消了"外侨和惩治叛乱法"，但并没有束缚州政府，所以各州仍然能够以诽谤政府罪起诉个人。但是，在汉密尔顿辩护的最后一个案件克罗斯韦尔案中，纽约州法院驳回了诽谤政府罪，开启了具有国家意义的先例。

此外，因恼怒于康涅狄格州邮政局局长吉迪恩·格兰杰（Gideon Granger）等共和党人的报告，杰弗逊支持该州检察长控告联邦党印刷商，因为后者在一套含糊的学说"联邦普通法"下攻击自己参与煽动性诽谤政府的不道德行为。但是，当印刷商威胁要在审判时援引沃克事件的证据时（以证明他们关于杰弗逊不道德行为的指控），总统改变了主意，检察长也取消了控告计划。

　　1804 年 4 月 17 日，杰弗逊的小女儿玛丽亚·杰弗逊·埃普斯（波莉）意外去世，杰弗逊的第一个总统任期蒙上了阴影。在 18 世纪 80 年代细致地照顾过波莉的阿比盖尔·亚当斯发来信件表示吊唁。但是，亚当斯夫人无法原谅也忘不了杰弗逊的支持者（尤其是卡兰德）对自己丈夫的大肆攻击。因此，在信的末尾，她署名道："一个曾经乐于与你做朋友的人……"杰弗逊没有在意这句话，写了一封热情友好的回信，寻求恢复与她及她丈夫的友谊。亚当斯夫人则回信谴责对方允许其支持者攻击亚当斯并且袖手旁观的行为。杰弗逊又去信回复，试图为自己辩解，但亚当斯太太执意争辩并质疑对方言行不一。信件结尾，她对杰弗逊直言斥责了一番，后来她把通信内容给丈夫亚当斯过目，亚当斯却一言不发。

第九章

辉煌与痛楚
(1805—1809 年)

1797 年 5 月 13 日，托马斯·杰弗逊写信告诉埃尔布里奇·格里，自己已经当选为副总统，而非总统，并说："副总统一职地位尊贵，且责任轻松；而总统看起来十分辉煌，但其实难免内心痛楚。"事实上，杰弗逊在自己后来的第二个总统任期内的不快遭遇，也表明了他作为国家最高行政长官的困难与痛苦。在他的第一个任期内，杰弗逊很好地展现了自己的主动、创新和灵活，他经常能抓住机会引导事态走向；而在第二个任期内，他通常是被动地应对事态，显得有些教条、偏狭和机械。

1804 年，杰弗逊和纽约州长乔治·克林顿轻易夺得当年总统选举，战胜了由南卡罗来纳的查尔斯·C. 平克尼和纽约州的鲁弗斯·金（Rufus King）领导的处于困境中的联邦党人的挑战。在他的就职典礼上，杰弗逊发表了一篇充满信心的就职演说，他祝贺自己的国家因为采纳了自己第一任期的政策而取得的喜人成绩，并预告了更多将接踵而来的好消息：

　　同胞们，展现这些成就，并不是为了将之归功于我本

人。这些首先要归功于我们同胞善于慎思的品格，他们能
根据民意的指向，影响并强化我们的公共措施；归功于他
们可靠的判断能力，从自己当中选出合适的人组成立法机
构；归功于当选者的热情和智慧，他们将公共幸福置于健
全法律的基石之中，并将法律的执行交付其他人；也归功
于精明强干、忠诚可靠的同僚们，他们的爱国之心始终伴
随我的执政历程。

受益于第一个任期内的政策和创新，杰弗逊的第二个任期
原本看起来也确实应该会是政绩卓著的。1805 年下半年，杰
弗逊接到了美国与的黎波里帕夏达成协议的消息；根据这份协
议，的黎波里将不再要求美国的贡物，美国也将赎回被的黎波
里扣押的剩余人质。这份报告给杰弗逊为解决巴巴里海盗问题
的努力画上了一个完美的句号。1806 年，梅里韦瑟·刘易斯
和威廉·克拉克带着大量的地图、报告、动植物标本凯旋，圆
满完成了刘易斯和克拉克远征。杰弗逊用两位船长和探险军团
带来的精选的标本装饰了行政官邸及蒙蒂塞洛，并试图让这些
发现向各国科学研究团体开放。

然而，不久之后，国内外发生的一系列事情使杰弗逊的总
统任职蒙上阴影。在众议院，一些南方共和党议员开始质询杰
弗逊滥用国家政府的权力，导致共和党联盟开始分裂。反对派
的领袖是来自弗吉尼亚罗阿诺克的伦道夫，他出身当地最有权
势的家族（也是杰弗逊的远房亲戚）。1798 年，伦道夫曾支持

肯塔基和弗吉尼亚通过谴责"外侨和惩治叛乱法"的决议，并且曾使得杰弗逊派共和党人针对大法官塞缪尔·蔡斯的弹劾行动破产。同时，在他执掌筹款税收委员会——这一众议院十分有权势的机构——期间，伦道夫对杰弗逊在联邦宪法权力上的大胆尝试日益不满。他反对路易斯安那购地案，因为他认为宪法并没有赋予国会就购买土地而签署条约的权力。这也刺激杰弗逊起草一份宪法修正案，当然，这会激怒伦道夫，并被他反对。杰弗逊利用总统权力重塑美国外交的举动，也与伦道夫关于联邦宪法职权范围的理解产生了矛盾。

　　1806 年，杰弗逊的两项重要动议导致他和伦道夫的关系到了破裂的边缘。第一个是杰弗逊试图结束由亚祖河①土地欺诈案引起的争论。1794 年，土地投机商们贿赂佐治亚州立法机构，获赠该州西部大量的土地。丑闻曝光后，选民们十分反感，迅速拥立新的立法机构，架空原有机构的权力。新机构废除了土地赠与法案，组织了一个大规模焚烧仪式，旧规矩被宣布非法并付之一炬。但是，投机商们上诉称获赠土地被取消是不符合法律规定的。杰弗逊建议联邦政府应该支持亚祖土地公司的索赔，而伦道夫则认为这是联邦政府对州政府事务的一项危险干预。第二件重要的事情是，杰弗逊试图说服拿破仑一世仿照 1803 年出售路易斯安那的先例，把佛罗里达卖给美国。

---

　　①　亚祖河（Yazoo）：密西西比河的支流。——译者

正如 1803 年那次一样，伦道夫一如既往地激烈反对 1806 年的这次谈判，他坚持认为，宪法并没有授予总统或联邦政府这样的权力。

1806 年底，伦道夫已经忍无可忍，宣布他会同南方州的几位盟友与杰弗逊断绝往来。区别于杰弗逊派共和党人及汉密尔顿派联邦党人，伦道夫他们被称为"第三股力量"；伦道夫借用一个拉丁词组"tertium quid"谑称自己为"第三者"。他们的指导原则，正如伦道夫宣称的，是各州的权利——这是杰弗逊曾经拥护而现在正在背叛的。

杰弗逊被伦道夫的独立言行激怒了，他与众议院共和党多数派领袖谋划要罢黜伦道夫所任的筹款税收委员会会长一职。伦道夫和他的盟友意识到自己无法获得足够支持组成一个（真正性的）全国性政党。他们能做的只能是利用自己的雄辩及议会程序，在众议院给杰弗逊制造无尽的麻烦。

而杰弗逊除了要跟伦道夫及第三方论辩外，他还被前任副总统阿伦·伯尔各种不可思议的行为深深困扰。1805 年春，伯尔因在决斗中杀死汉密尔顿而声名狼藉，遭到了共和党的遗弃，他只有远涉西部。没有人，甚至包括他本人，知道他在打什么主意。也许，他在寻找任何可以恢复自己财富、重建个人声望的机会。

伯尔的目的地密西西比河低谷地区是实现他个人目标的好地方。此地区的很多定居者长久以来因联邦政府远在千里没有照顾到自己的利益而十分恼怒，甚至有时会考虑脱离联邦而与西班牙、英国、法国结盟，或者独立。来自欧洲列强的代理人密切关注着美国西南部的政治动向，希望能利用这种不断滋长的不满情绪给脆弱的美利坚合众国制造麻烦。更糟糕的是，直到 1803 年，美军驻该地司令詹姆斯·威尔金森（James Wilkinson）将军除了获得联邦政府薪水外，还背地里一直从英国、西班牙及法国代理人那里捞取不当利益。

伯尔游遍该地区，遇到了一些支持自己在与汉密尔顿决斗中坚决捍卫荣誉的政客。他们中的很多人向伯尔倾诉对联邦政府的不满，鼓动该地区从联邦中独立。伯尔频频点头，面带微笑，但并不发表自己的看法。他还从自己仓库中向路易斯安那自卫队提供枪支，他们因为缺少枪支弹药而不敢跟当地土著民开战。最后，伯尔还重建了与威尔金森的友谊，他们俩都曾是大陆军的官员，并相互了解、互有好感。很快，威尔金森也开始定期收受伯尔的钱财了。

伯尔的几位盟友也从纽约州赶过来与他再度联合，此时，各种谣言传到首府华盛顿，而伯尔被认为是其中的主谋。有的谣言说，伯尔正准备发动战争占领墨西哥——日薄西山的西班牙帝国的殖民地，要么让它加入合众国，要么变成自己的独立王国。另一些传言称，伯尔会密谋占领墨西哥、西南各州及周边领土。杰弗逊每次收到这样的报告都会怒气冲天、高度警觉。他很快也就相信了这种最坏的情况：伯尔正密谋在墨西哥及西南各州自立为王。由于杰弗逊每次涉及伯尔都会往最坏处打算，因此，1806 年 11 月 26 日，杰弗逊命令以叛国罪对伯尔实施抓捕。

1807 年 1 月下旬，联邦政府逮捕了伯尔，并将之扭送至密西西比领地联邦大陪审团面前，但最终因缺少证据只得无罪释放他。1807 年 2 月 19 日，伯尔在汤比格比河流域也就是现在的亚拉巴马州再次被捕。1807 年 1 月 22 日，在伯尔被释放以及重新被捕的消息到达首都之前，杰弗逊专门致信国会，称这位前副总统所犯罪行铁证如山。伯尔的被捕令杰弗逊如释重负，他与里士满检察官乔治·海（George Hay）及其他联邦政府人员准备一起起诉伯尔。1807 年 4 月 20 日，杰弗逊写信给自己的老友及政治盟友，弗吉尼亚政客威廉·布兰奇·贾尔斯：

> 我个人从来没有对伯尔怀有私恨。我也确实不认为伯尔是个诚实、坦率之人，而是觉得他像一把弯曲手枪或变形的机床，你很难判断他的目的或行为。伯尔享有很高的民意支持，我认为合情合理地对待他，这是我的责任……

1807 年 3 月 30 日，伯尔被联邦军元帅带到合众国设在弗吉尼亚首府里士满的第四巡回法院。乔治·海指控伯尔犯有叛国罪，并密谋入侵友好邻邦——西班牙所属的墨西哥。然而，对杰弗逊莫大的讽刺是，主审伯尔案的法官恰恰是这位在职总统最不情愿看到的人——被派到第四巡回法院的首席大法官约翰·马歇尔。对此，杰弗逊感到十分沮丧和愤怒。

约翰·马歇尔，首席大法官，弗吉尼亚州联邦
党人，1801—1835 年期间主持最高法院。他和
杰弗逊是远房表亲，但他们互不信任、互不欣
赏。其中的一个原因在于，马歇尔欣赏并赞同
亚历山大·汉密尔顿关于联邦宪法的阐释

对伯尔的诉讼引起了全美范围的广泛关注。一批地位显赫
的重要律师加入伯尔的辩护团队，其中有弗吉尼亚前州长、继
任杰弗逊作为国务卿的埃德蒙·伦道夫，铁杆联邦党人、马里
兰州前任总检察长卢瑟·马丁，马丁在洛根酋长和克雷萨普上
尉的问题上跟杰弗逊起过争执。伯尔自己作为一位杰出的律
师，在辩护中也发挥了积极作用。1807 年 4 月 1 日，马歇尔

裁决伯尔只作为密谋罪而被起诉，不能以叛国罪被审判。这个裁决结果标志着此案的审理正式开始。

最令人惊讶的一幕是，伯尔居然要求法院向总统杰弗逊发传票出庭作证，并从政府案卷中拿出伯尔为自己辩护所需文件。乔治·海称杰弗逊将拒绝出庭。总统是否应该保护其行政咨询机构成员的机密，这个问题在今天被称为行政特许权。

两方的辩护团经过重重交涉之后，首席大法官马歇尔准许了伯尔的请求。他宣称，总统像其他任何人一样，都可以被法院要求。宪法以及证据法都没有表明总统可以例外。即使像杰弗逊所说，公示某些文件可能会损害公共安全（现在我们称之为国家安全），马歇尔坚持认为法院可以私下检查所要求的材料。

随后，马歇尔和杰弗逊之间的对抗有所缓和，因为伯尔表示只要能得到他需要的文件就心满意足了，他不需要也不希望杰弗逊出庭作证；作为回应，杰弗逊提交了相关材料。审讯成为整个 8 月的重中之重，之后却变成一场闹剧。对伯尔最为不利的主要证人威尔金森将军却似乎比伯尔还理应受到审讯，辩护团在诸如宪法有关叛国行为具体、精确的定义等问题上步步取胜，联邦政府的此项起诉很难站得住脚。

1807 年 9 月 1 日，法庭裁定"起诉所呈证据不能证明伯尔犯有所诉之罪行"。也就是说，陪审员怀疑伯尔可能确有不当行为，但仅仅根据现有证明不能确定其有罪。杰弗逊对此结果表示十分震怒，并谴责法庭和马歇尔裁定不公、不负责任，然而他却无能为力。日后，伯尔离开美国前往欧洲，到处兜售他那些尚不清晰但却宏伟的计划，最终也没有任何结果。1812年，在纽约州和新泽西州撤销 1804 年对他参与决斗和进行谋杀（因在决斗中致死汉密尔顿而生成此罪）的指控后，伯尔返回纽约市。他在那里研究法律、安静地生活，直到 1836 年终老于此，享年 80 岁。

杰弗逊发现第二任期的外交工作比起跟伯尔漫长而毫无结果的争斗来说更加艰难，更加令人沮丧和失望。由法国大革命引发的战争席卷欧洲十年，拿破仑·波拿巴加冕称帝后经历了短暂的和平，但他继而又把欧洲拖入战事当中。起初，这场战争对美国来说是件好事。首先，1803 年的路易斯安那购地就是拿破仑为战争筹款的结果。另外，美国的商船也成为英美及法美贸易的主要船运方。然而，陷入战争的欧洲列强相互攻击对方航运以削弱对方实力，这使得美国商船处于很高的风险中。

杰弗逊竭力避免在拿破仑及其他列强间采取任何偏袒立场。英法之间的巨大矛盾让杰弗逊的这种外交使命变得越来越艰难，他们的海军经常袭扰美国商船。两国都发布命令试图干扰破坏对方的海上贸易。美国深陷两国针锋相对的政策和指令中，他们的商船也一再为此承担沉重的损失。

1806 年，杰弗逊派遣来自马里兰州的詹姆斯·门罗和威廉·平克尼作为公使前往英国，就代替令人深恶痛绝的 1795 年《杰伊条约》展开谈判。特别的是，杰弗逊要求他们终结英国的强征入伍制，改变英国对美国在英法贸易中的船只进行骚扰的政策。在此强征制下，英国海军军官登上他国船只，逮捕并遣送被认为是皇家海军逃兵的船员。

美国人对强征制恨之入骨，因为这侵犯了美国的主权；此外，很多美国船员确实是从英国海军那逃离出来的，他们很担心被抓回去。令人遗憾的是，门罗和平克尼没能按杰弗逊预想的取得谈判成果，杰弗逊甚至认为新的《门罗—平克尼条约》不比《杰伊条约》好到哪里去。出于厌恶和失望，杰弗逊拒绝将这个条约提交参议院审议。他在 1807 年 4 月 21 日给麦迪逊的信中说："我越来越相信最好的方式是让谈判友好进行，同时，尽力按照双方都可能接受的原则付诸实践。"《门罗—平克尼条约》签订仅仅一周后，英国政府就宣布了有损于该条约的外贸新政，形势的发展坚定了杰弗逊对自己此前所做决定的信心。

1807 年夏的一起突发事件使美国与欧战各国的关系发生了戏剧性的变化。1807 年 6 月 22 日，正在弗吉尼亚海岸巡逻的英国皇家海军"美洲豹"号快速帆船遭遇美国"切萨皮克"号。英方宣称美舰上有英军逃兵，要求对美方船员进行检查。"切萨皮克"号舰长拒绝了这一要求，坚称他这里没有所谓的英军逃兵。随即，英方向美舰侧舷发射四枚炮弹——导致包括美舰长在内 3 死 18 伤——迫使其投降并接受登舰检查。英军最终逮捕了 4 名船员，其中只有一名被证明是英军逃兵。"切萨皮克"号事件令美国举国愤怒,正如杰弗逊观察的,自1775年列克星敦和康科德战役后,没有任何事件能促使美国人民如此团结。即使是把英国作为抵御法国无神论、保护文明的新英格兰联邦党人也谴责英军的行为,并要求杰弗逊捍卫美国的权利。

杰弗逊当局政府要求英国政府道歉,为人员和舰船的损失赔偿所需费用。但英国方面毫不在意美国的吁求。作为回应,1807年7月2日,杰弗逊发布公告,命令所有英国船只离开美国水域;7月5日,他要求召集10万民兵强制执行此项声明。虽然民众可能支持对英宣战,但是,杰弗逊担心这会把美国拖入对英的全面矛盾中。他决定采取一种不同的报复方式。

1807年12月22日,国会通过了禁运法案。这一出自杰弗逊和麦迪逊谋划的措施,禁止美国船只与欧洲任何国家开展贸易或帮助它们运送货物。杰弗逊和麦迪逊有两个目的:一是让美国船只远离英法船只的航线(以避免类似"切萨皮克"号事件再度发生);第二,以美国商业作为外交和经济手段。他们希望通过切断与美国的经济往来,以迫使英法两国重回和平。

令人遗憾的是,杰弗逊和麦迪逊的想法不切实际,只是一厢情愿。禁运对自给自足的拿破仑帝国没有任何冲击;英国也只受到轻微损失,根本不足以因此而改变对美国的既定政策。更糟糕的是,禁运反使美国深受其害。起初,受与欧战各国业务往来快速增长刺激,美国的国际贸易一度达到每年1.08亿美元。禁运的15个月期间,外贸总额大幅下降75%,仅为每年 2 200 万美元。而且，禁运对纽约和新英格兰的冲击尤为严重。商人、船员及他们的家庭都因此遭受损失，刚刚起步的美国制造业也变得困难重重。

因禁运而引发的民众愤怒在杰弗逊收到的信件中日益体现出来，一封封充满怒火的信发往杰弗逊，措辞之严厉是他从未见过的。一位愤怒的费城船员甚至责令杰弗逊过来与之当面对质：

尊敬的总统先生：

我希望您能尽快取消禁运，如果我还能忍受目前的状况那就是真见鬼了。如果您愿意失去一位最优秀的水手的话，我当然可以割喉自刎了。我的妻子和四个孩子现在跟我过着十分悲惨的生活。如果我不自杀，我肯定会参加英军反抗您。尊敬的总统先生，希望您能原谅我以这种唐突的方式给您写信，因为我真的是快要崩溃了。但是，如果我真的以那样的方式将您抓获，那么请提防您的项上人头。

你有种的话，可以来派恩大街 9 号找我，你这该死的混蛋！

T. 塞尔比

1808 年 1 月，杰弗逊试图通过在内陆水域和陆上贸易上实施禁运来加强此项措施。他的目的是发展北部各州与加拿大的贸易，但最后又是无功而返。由于经济不景气，商人、船主和交易商开始走私。杰弗逊对此十分恼火，命令武装力量严格执行禁运措施，甚至对国内也是如此；他派遣美国陆军加强边防检查，调遣武装海军在美国主要港口巡逻。

这些措施违反了大家都信奉的一系列政治原则，其中有一些杰弗逊本人还做过经典阐述。在《独立宣言》中，杰弗逊曾谴责英王乔治三世动用军队在和平时期的殖民地执行法律。如今，他奉行的政策却恰恰与他当年追求独立时所宣称的原则背道而驰。杰弗逊甚至宣布与加拿大临近的纽约州尚普兰湖区处于内乱状态，在波士顿及纽约等港口的海关人员可以扣押被怀疑为违反禁运法令的商品，美国海军舰船也可以阻止并登上有此嫌疑的商船进行检查。杰弗逊总统似乎把第四修正案所要求的搜查证明遗忘了。

禁运收效甚微以及新英格兰和纽约州人不断激化的反抗情绪让国会议员们恼羞成怒，他们承认了禁运的全面破产。1809年3月1日，在杰弗逊卸任前三天，他十分不情愿地签署了由国会通过的《互不往来法案》（Non-Intercourse Act），禁运被取消，只针对英法两国的更为温和的经济制裁措施出炉。但这个举动只起到了推迟的作用——1812年，在杰弗逊的继任者詹姆斯·麦迪逊执政期间发生的第二次独立战争中，棘手的问题完全爆发出来，而在杰弗逊政策影响下的美国，显然并没有为这场战争做好准备。

1809年3月2日，身心俱惫的杰弗逊在任期即将结束时，写信给皮埃尔·S.杜邦·德·内穆尔：

　　要不了多久，我就会回到自己的家庭、书房和农庄了。在重回安全之所的同时，我会继续焦急但毫无羡慕之情地观察我的朋友们怎样与暴风雨搏斗。摆脱权力的枷锁带给我的轻松是摆脱镣铐的囚犯永远不能达到的。我的内心深处始终把对科学宁静的追求和探索作为自己最大的快乐。但是，在我生命的大部分时间里，我不得不放弃自己的理想，把自己置于政治热情的喧闹之中而不能自拔。

第十章

热情与苦恼（1809—1826 年）

1809 年 3 月 4 日，托马斯·杰弗逊在华盛顿见证了詹姆斯·麦迪逊的就职典礼。随后，杰弗逊坚决地退出了政坛，回到弗吉尼亚——他的故乡，享受家庭、朋友和阅读带来的无穷乐趣。从此，他再也没有动过心思要离开那里。在他人生最后的 17 年，他几乎成为一名全美的智者。

在荣退的时光里，杰弗逊倾注了大量的热情和心血重修蒙蒂塞洛故居。他对这所乡村住宅十分钟爱，那是一个大种植园的管理中心；房子的布局陈设昭示世人，这里的主人是蒙蒂塞洛的智者。参观者被带到门厅时，能看到周围摆满了"刘易斯与克拉克远征"的纪念品、各种地图、油画和肖像雕塑，参观者在这里等待杰弗逊的接见。传说杰弗逊还会指着他自己和他最大的反对者——汉密尔顿的两个雕塑说："至死不休地争斗！"参观者也能注意到，蒙蒂塞洛怪异的设计剥夺了整个房子的舒适感。楼梯让人颇感不适，狭窄而紧凑，是为了给主楼层腾出更多空间。另外，外景设计也让这个房子看起来只有一层楼高，而二楼客房的窗户只有脚踝或膝盖高。

　　蒙蒂塞洛及其陈设充分展示了杰弗逊作为一个手工匠的爱好。他在草坪处安置了一个日晷，在主前厅的位置修造了一个"加农炮状的时钟"；通过炮弹的重量与墙上的标记，人们能读出每天的钟点和每周的日期。他还在大厅和起居室之间设计了一组门，其中暗藏一组齿轮和链锁，使得这组门一触即开。他在书房安装了一台自己研发的便携式复印机，这个装置吸收了传统复印机处理信件及文档等方面的优点，同时也发挥着另一种复印或脉冲记录仪的功能，通过"勾连笔"的方式，帮助书写者同时获得一页材料的两份拷贝。

　　蒙蒂塞洛最能体现杰弗逊式创新的地方，是能旋转的书架和乐谱台。这个发明能同时放置 5 本书或乐谱。虽然我们不清楚这是否出自杰弗逊本人之手，但我们知道这是杰弗逊在世时蒙蒂塞洛木工作坊（或称"细木工坊"）的作品。另外两样与这种书架相似的物件，是旋转书柜和经过特殊改良的椅子。这把椅子吸收了英国温莎椅①的特点，但杰弗逊自己又加上了一个用于书写的把手和一个休息脚的椅子腿。最后，在他的卧室，杰弗逊把床布置在两间房之间的凹室处；如果不需要时就可以把床升起，在这种情况下，这个地方就能被用作通道。

　　杰弗逊持续不断地对他的房子进行改造，直到他无力负担为止。在大部分的退休时间里，杰弗逊和他的家人以及很多拜

---

　　①　温莎椅：18 世纪流行于英美的一种细骨靠椅。——译者

访者基本都住在一个建筑工地的中央。如果到访者太多，或重建噪声太大，难以忍受；杰弗逊就会搬到第二处、更远的位于白杨树林的住所。这个住所始建于 1806 年，三年后启用。

杰弗逊曾声称，退休后他将赋闲在家，不问时政，但他还是卷入了政治斗争和外交事务当中，为麦迪逊及门罗两位总统提供国内外政策的咨询建议。例如，在 1812 年第二次独立战争期间，杰弗逊乐观地预测，美国对加拿大地区的征服只是一场"远行"，但结果却是，加拿大执意留在英帝国内，美国在很大程度上难以实现自己的军事目标。

大约 10 年后的 1823 年，英国首相乔治·坎宁（George Canning）提议英美联合反对西班牙再次夺回其在拉美地区前殖民地的行为。门罗总统就此征询杰弗逊和麦迪逊的建议，两位前总统都建议接受英国的方案。杰弗逊在当年 10 月 24 日写道：

> 我们国家首要和根本的方略是坚决避免卷入欧洲的内部争议，其次是要避免欧洲国家干涉大西洋西岸的事务。美洲，包括北美、南美，有一整套区别于欧洲的、独特的自身利益。因而，美洲也应该有一套自身的、区别并独立于欧洲的体制。欧洲正在成为专制的温床，而我们应该努力在美洲建成自由之邦。

杰弗逊认为："通过支持英国的提议，我们就能让它游离于欧洲独裁联盟之外，从而增强自由国家的实力，并且可能毕其功于一役，实现全美的独立解放，否则这项任务的完成将可

能遥遥无期、困难重重。"但是，国务卿约翰·昆西·亚当斯
坚持认为，按照英国建议行事，"将会使美国成为附属于英国
军舰的小船"，他力图说服门罗总统拒绝英国的提议，奉行独
立的外交路线。1823年12月2日，门罗总统发表国情咨文，
明确提出美国反对欧洲国家对西半球任何事务的干涉企图，这
就是后世所说的"门罗主义"。

　　杰弗逊最后一项伟大的公共事业就是在弗吉尼亚创建了一
所新式大学。杰弗逊早在18世纪70年代后期就有了类似的想
法。当时，作为改革弗吉尼亚法律运动的一个部分，他提议建立
一个金字塔结构的教育体系。该体系中，在区级设立小学，在县
级设中学，在州层面设新式大学。在几十年的时间里，虽然立法
机关没有这方面的兴趣，但杰弗逊一直在努力研究推动教育改革。

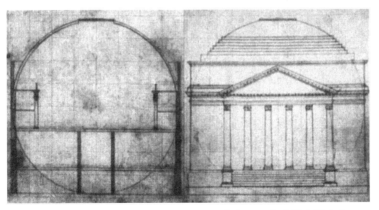

这些建筑设计草图记录下杰弗逊为创建弗吉尼亚大学付出的心血。
受罗马万神殿的启发，这个圆顶建筑成为弗吉尼亚大学的中心

　　杰弗逊对于新式大学的思想原型来自于阿尔伯马尔学院，该学院是一所建立于 1803 年的高等教育机构，但缺少教师、学生和教学设施。1814 年，杰弗逊被推选为该学院的董事，他首先把它改造为一所名为中央学院的学校，然后改造为大学。1816 年，弗吉尼亚议会同意建立中央学院，任命杰弗逊为校长或主要负责人，同时还成立了学院的监事会（成员包括门罗和麦迪逊）。而后，在杰弗逊的呼吁下，议会任命了一个委员会，该委员会于 1818 年在罗克菲什山口召开会议并选举杰弗逊作为主席。

　　杰弗逊起草了《罗克菲什报告》，奠定了弗吉尼亚大学的基础。由此，弗吉尼亚大学在多个方面深深打上了杰弗逊的烙印。此前，很多大学要么由教会创建（如哈佛大学、耶鲁大学、威廉玛丽学院及新泽西学院），要么跟教会组织有一定联系（如牛津大学和剑桥大学）；它们被赋予培养牧师的责任。相反，这所全新的大学秉承《弗吉尼亚宗教自由法令》的精神，即所有人享有宗教信仰自由，支持国家与宗教分离，认可世俗学习的核心重要性。杰弗逊的报告陈述弗吉尼亚大学之目标如下：

　　　　培养政治家、立法者及法官，以促进公共福祉及个人幸福。

　　　　详细阐明政府的原则及结构；规范国家间交往及市政治理的法律，反对所有随意的、非必要的对个人行动的限制，这种完善的立法精神将给予我们在不侵犯他人平等权利范围内充分的自由。

协调促进农业、制造业及商业之间的利益；从政治经济的明确考量，给予公共事业一定的空间。

发展年轻人理性的能力，拓展他们的视野，培育他们的道德修养，培养他们的美德和秩序意识。

启迪他们提高数学及物理学方面的科学素养，这将能提升他们的艺术修养，并有助于他们的健康、生存和身心愉悦。

培养他们自我反思和纠错能力，使他们成为别人的道德楷模，并实现自我内在的幸福感。

1819 年，弗吉尼亚州议会宣布了大学宪章，由此，弗吉尼亚大学于 19 世纪 20 年代初期初具雏形。在几乎所有的方面，弗吉尼亚大学都反映了杰弗逊的思想。杰弗逊亲自招聘教员，制订教学计划。同时，他要求确保每个学生都能定制自己的教育计划，他开出指定阅读书目及材料单子，高度关注政治、法律及自然哲学方面的教学。他致力于实现自由探索与传授（批评者称之为灌输）正确政治原则之间的平衡。

杰弗逊获得罗克菲什委员会的许可，弗吉尼亚大学校址定在离蒙蒂塞洛不远的夏洛茨维尔。围绕校园布局和校舍设计，杰弗逊向当时著名的设计师本杰明·亨利·拉特罗布（Benjamin Henry Latrobe）及其尖锐的批评者威廉·桑顿（William

矗立在弗吉尼亚大学的杰弗逊铜像

Thornton）咨询（杰弗逊分别联系两人，这样他们就不知道杰弗逊同时在跟对方联系）。杰弗逊偏爱古典建筑风格，他决定实现建设一个"学术园"的理想。他曾在1810年的一封信函中表达了自己的这份心迹：

> 如果每位教授都有一个独立的小屋，那就再好不过了；小屋的下面就是教授的课堂，楼上将有2个大房间。这些教授的屋子与相对简单的宿舍相连，供一定比例的学生居住；宿舍门朝着带顶棚的路而开，方便各学院间学生的随时交流。所有这些都被布置在一个有青草绿树的开阔广场周围，一切看起来就像一个"学术园"，而不是一个大而普通的嘈杂之地，到处都是污秽、恶臭的空气。这样的"学术园"提供舒适友好的学习环境，远离火灾、疾病

和喧嚣。

弗吉尼亚大学最引人注目的是一个巨大圆柱形建筑物，直径相当于古典时期最大的建筑之一罗马万神庙的一半。建筑物沿两边有两长排楼房。其中包括一些两层的"楼"，楼的底层都有教室，楼上则是教授的家属公寓；一层的"宿舍"，每间宿舍住两位学生；"食堂"；还有"门廊"，即带顶的走道，方便师生们可以在任何天气情况下行走。在这两长排楼房之间是一片开阔的草坪。

在几乎 10 年内，杰弗逊不辞辛劳，努力把自己的理想变为现实。这对任何人来说都是一项艰巨的事业，特别是杰弗逊在七八十岁高龄之际挑起如此重担，堪称奇迹。他以坚定的决心面对并战胜每个障碍，根据实际情况采取有效的政治或个人的说服方式。弗吉尼亚大学的建立过程就是这样一波三折。它对弗吉尼亚州其他高等学府如威廉玛丽学院等带来冲击；它被紧张的保守派势力视为无神论及激进主义的摇篮；杰弗逊招聘外国教员的计划也惹恼了某些人，他们认为新大陆没有必要从腐败的旧世界中学习任何东西。

当杰弗逊想聘托马斯·库珀（Thomas Cooper）为化学教授时，遭到各方强烈反对而未能成功。库珀出生于英国，曾是杰弗逊的坚定支持者，甚至在 1810 年，库珀还因此被指控煽动罪而入狱 6 个月。库珀和杰弗逊有一位共同的朋友——以发现氧气闻名于世的伟大的化学家和神学家约瑟夫·普利斯特利教士。令人遗憾的是，普利斯特利还是"一神普救派"的创始人，该教派是基督教的一个分支，认为耶稣不是所谓死后复生、具有法力的上帝之子，而是一位伟大的道德家和预言家。杰弗逊赞同普利斯特利的神学观点，但是，弗吉尼亚的长老会把任何支持普利斯特利朋友的企图，都视为一种对宗教的严重威胁。因而，他们发动了针对库珀的公共反对行动。最终，杰弗逊很尴尬地写了封信给库珀，解释此次聘任中遇到的种种障碍。库珀递交了辞呈，但也获得了一笔丰厚的费用，相当于他应得薪水的很大一部分。

1825 年 3 月 7 日，所有的努力似乎都得到了好的回报。当天，弗吉尼亚大学正式开学，杰弗逊作为校长欢迎他的第一批学生到来。麦迪逊和门罗及其他社会名流分站他的两旁，这是杰弗逊一生当中最为高兴和自豪的日子之一。

令人遗憾的是，这些学生并不愿意做杰弗逊所希望看到的严肃的好学之人。相反，他们懒散喧闹的样子与杰弗逊以前所在的威廉玛丽学院的同学们相似。他们热爱酗酒、赌博、斗殴，这些"堕落的违规行为"遭到杰弗逊的强烈谴责。特别是学生们晚上大闹草坪，即所谓的"制造噪声的发泄"，让杰弗逊十分吃惊并愤怒。参加这种聚会的学生蒙着脸，以免被认出而受到处罚，他们大喊大叫、朝天鸣枪、转动噪声发生器，甚至砸破玻璃或制造骚动。

虽然这种行为在当时的英美大学比较常见，但弗吉尼亚大学这种喧闹的狂欢背后却有一些特殊原因的推动。一方面，学生们对杰弗逊所谓的最大优势之一——那些选聘自欧洲的学究十分不满；另一方面，杰弗逊让教授和学生住在相近的地方，这也适得其反。由于教师们自己处于学生们暴力风险的最前沿，谈不上对他们进行安抚。确实，当某些教授尽力安抚不守规矩的学生时，他们居然用砖块或藤条来对抗教授。

杰弗逊对此深感震惊和悲伤，要求学校监事会制定学生行为守则。然后，他召集一个学生团体会议，在麦迪逊和门罗的陪同下，杰弗逊大踏步走进会场，开始发表演说。杰弗逊对学生行为的失望情绪甚重，以至演讲时都有些哽咽。杰弗逊临场失望的眼泪发挥了比言辞更为重要的作用，学生们倍感羞愧，并发誓改善自己的言行。监事会开除了打架斗殴的学生，发布了严格的学生行为规则。

杰弗逊在最宽泛的意义上看待自己的教育事业，开启了一些大规模项目以教育公民大众。例如，他努力塑造未来人们对美国革命及其领袖的理解。他深谙视觉形象对引领公众思想的作用；关于描绘《独立宣言》如何被呈交给国会这类重要的场景，他给约翰·特朗布尔等艺术家提出了大量建议；杰弗逊与特朗布尔于 18 世纪 80 年代认识，当时特朗布尔还是杰弗逊在巴黎的秘书。杰弗逊要求他绘制一张巨幅画（现在这幅画还挂在美国国会大厦里）以及雕刻一系列作品，精细昂贵的是为富人买主准备的，其他一些工艺简单、便宜的是为大部分普通人准备的。他还撰写了伟人的回忆录或奇闻逸闻，以此帮助传记作家及编辑；此外，他也积极鼓励历史学家和档案专家的工作。

杰弗逊通过对战争灾难的评论及个人特殊的取财之道，启迪了美国民众。1812 年第二次独立战争，美国遭受重大挫折。1814 年夏季，一支英国军队甚至占领华盛顿。作为对美军火烧多伦多约克区的报复，英军焚毁了包括国会图书馆在内的国会大厦，以及其他一些公共建筑。杰弗逊对此做出了史无前例的回应。1814 年 9 月 21 日，杰弗逊写信给马里兰州议员塞缪尔·哈里森·史密斯（Samuel Harrison Smith），提议把自己的著作卖给国会。他在信中说："事实上，很多主题都是议员可能要参阅的。"杰弗逊还进一步解释自己是如何积累起全美最大、最好的私人馆藏。他本打算把藏书在去世之后捐给国会；现在他同意国会以任意价钱购买，只是期望在有生之年保留一些古典文学书目以供品读。

联邦党的参议员及众议员则谴责杰弗逊的售书行为是损公肥私的圈套。他们甚至拿出这样一个证据，即杰弗逊手头拮据，急切需要钱偿还债务。他们还担心这个异教徒是在用这些书影响美国人的思想——有的书是外文的，有的所谈论的主题跟国会无关，有的甚至攻击宗教和道德。但尽管如此，国会最终还是以 23 950 美元的价格买下了杰弗逊的 6 487 本书。

杰弗逊为把个人藏书转运到首都倾注了大量精力。1815

年 5 月 8 日，他带着几分自豪写信给史密斯："您所在的城市增添了一批有意义的财产，毫无疑问，这是全美最精选的藏书，我希望它能对我国的文学产生一些影响。"在出售自己的藏书后，杰弗逊立刻开始再次收集图书。他向约翰·亚当斯坦言，"没有书，我将无法生活……"1851 年，国会大厦的一场大火烧毁了杰弗逊所售书目的 2/3。即便如此，有了杰弗逊的帮助，国会图书馆复原之后最终扩充为全世界规模最大、最好的研究型图书馆。

　　那些反对从杰弗逊那购书的人，如果意识到杰弗逊会继续痴迷于基督教的起源及耶稣教义，他们也许会多一份担心。在杰弗逊第一次尝试编纂《耶稣的哲学》十五年后，他再次启动了这项任务。他把四福音书文本的希腊文、拉丁文、英文及法文版本并排展开，用小折刀划出选段，杰弗逊认为，这些内容反映了真实的耶稣教义及其生平。在这个过程中，杰弗逊去掉了讲述神话传说、天使降临以及耶稣复活的部分。他把这些选段按时间的先后顺序粘到一个笔记本上；直到他去世前，杰弗逊一直都保存着它。我们不清楚杰弗逊是否有意出版这本书，以教育同胞们反抗他所谓的"牧师把戏"和迷信；当然，也许他编写这本书纯粹是出于个人用途的目的。但是，关于《耶稣在拿撒勒①的生活及教义》（*The Life and Morals of Jesus of*

---

①　拿撒勒位于巴勒斯坦地区北部，据说耶稣的童年在此度过。——译者

Nazareth）一书，国会在购买未印原稿后，于 1904 年首次出版，此后又多次再版；这部书有时被称为《杰弗逊版圣经》（*The Jefferson Bible*），书名有一定的误导之嫌。

杰弗逊对于公共教育一项极为重要的工作，是整理自己的著述、撰写自传、记录共和国草创时期的波折。他于 1821 年上半年开始自传的写作，其中概述了他父母的家世，直至 1789 年他从法国回来。虽然他的自传不像本杰明·富兰克林的那么生动，但不失为一份有价值的实录，特别是其中涉及第二届大陆会议的论辩。

对 18 世纪 90 年代及他担任总统期间的详细记录，杰弗逊另有计划。他对于首席大法官约翰·马歇尔授权发布的五卷本华盛顿生平的论述十分不满。杰弗逊谴责这部书为联邦主义论文，因此决定陈述共和国早期的"真实"历史。他收集了大量官方文档，包括他作为国务卿时的观点及向国会的报告；同时，杰弗逊提供了自己所做的内阁会议纪要，以及随手记录的私人谈话、趣闻轶事以及闲言碎语。在杰弗逊看来，这些证据都是共和国初期运作的核心内容，而流言蜚语是一个人可靠与否、能否委以重任的试金石。杰弗逊力图为后代拨开事件迷雾，还原真实历史。后来的学者选取他整理的三卷本浩繁文档，以 *Anas*（"备忘录"的拉丁文）命名，分别出版了他关于政治流言的记录。

由于杰弗逊对自己参与创造的那段历史努力进行描述，作为蒙蒂塞洛智者，他因此也成为那段历史名副其实的标志。他本人很好地发挥了这一身份的影响力，但是这也经常令他感到窒息。随着美国革命领袖相继离开人世，杰弗逊被迫成为许多好奇拜访者的目标。其中，最为著名的就是拉斐特侯爵，他为独立战争的胜利提供了资助，并于 1824 年访问美国。1824 年 11 月 4 日，67 岁的拉斐特和 81 岁的杰弗逊步履蹒跚地走过蒙蒂塞洛草坪相拥而泣，旁边的民众不禁为他们的友谊而欢呼起来。

一个月之后，马萨诸塞州的参议员丹尼尔·韦伯斯特（Daniel Webster）写下了他对杰弗逊的印象：

> 杰弗逊先生……身高超过 6 英尺，身型瘦长。他的头型并无特别之处，只是有些前倾；脖子稍长，因而走路或交谈时有点习惯性地前倾。他的头发较密，以前是红褐色，现在慢慢灰白了，总体呈不太明显的浅棕色。

> 他的眼睛比较小，颜色较浅，现在不是很明亮且引人注目了；他的下巴很长，但是不突出。他的鼻子比较小，轮廓清楚，鼻孔略微朝上。他的嘴巴长得很好，牙齿都健全；双唇紧闭，流露出满足和慈爱的气息……他的四肢十分修长，手和脚都偏大，手腕也很粗。他的步伐并不精准严谨，而是十分轻盈活跃。他有些弯腰曲背，比起年迈的原因，更应当是天生如此。当他坐下的时候，比照他那偏长的四肢，杰弗逊显得有些矮了……

从他的整体外表看起来，杰弗逊显得十分健康，精力充沛，精神矍铄。

韦伯斯特还提到，杰弗逊对安德鲁·杰克逊（Andrew Jackson）就任总统表示了疑虑。杰弗逊宣称："安德鲁·杰克逊是我所知最不适合总统一职的人，他漠视宪法和法律……"杰弗逊还回忆起他任副总统时对杰克逊的观察，进一步说："他情绪激动。我任参议院主席时，他是参议员；他经常因情绪激动而不能言语……我经常看见……他盛怒之下，几乎上气不接下气。"

1810 年之后的二十年中，很多不如拉斐特和韦伯斯特那么重要的来访者——以及一些名不见经传的人，拿着介绍信拜访杰弗逊。作为弗吉尼亚的绅士，杰弗逊认为自己有义务热情款待他们。令人遗憾的是，太多的不速之客利用杰弗逊的善意，经常一住就是好几天甚至数周之久，这使得杰弗逊债务攀升，几乎耗尽了财力。杰弗逊的管家埃德蒙·培根（Edmund Bacon）愤怒地回忆起那些给杰弗逊带来巨大经济压力的不速之客：

> 杰弗逊先生从华盛顿退休回来后，他长时间地疲于接待接踵而来的访客。这些人几乎把杰弗逊家吃空了。他们一年四季经常来此，尤其到了六月中旬旅游旺季开始后……来访者更是蜂拥而至……当地任何一家旅馆也从未接待过这么大规模的人数。他知道自己的种植园及所有其

他的经济来源都难以支付如此巨额的开支，但是他依然热情礼貌、面带微笑地接待所有来访者，让他们有宾至如归的感觉。

培根甚至怀疑这些不速之客只是看中了这里的免费食宿，对与这位伟人会面则并不感兴趣。

其他人则给这位退休总统寄来大量来信，有的向他寻求对书籍和项目的公开支持，有的让他仔细回忆某些信息，有的还纠缠他给出谋划策。杰弗逊总是礼貌相待，回复了数以千计的来信。他也曾在 1817 年 1 月 11 日向约翰·亚当斯抱怨说，自己每天"伏案回信"长达好几个小时。不时有人向报纸透露他的信件，杰弗逊便被置于矛盾风暴的中心。

对杰弗逊来说，写信也许是一件既愉快又繁重的差事。当然，最重要的是，同自己在欧洲和美国的朋友保持信件往来，成为他探究科学和宗教方面兴趣的首要方式。约翰·亚当斯是杰弗逊最重要的通信伙伴。他们在大陆会议上成为好朋友之后，从 18 世纪 70 年代末就开始互通信件；80 年代中期，他们都成为外交官，并保持通信联系；然而，90 年代开始，由于严重的党派之争，双方关系破裂，通信往来也就此终结。费城著名的医生、独立宣言的签署者本杰明·拉什为使他们俩重归于好费尽了心思。

拉什一直劝说两人主动跟对方联系。但是碍于面子，杰弗逊坚称自己没有任何错误，而且自己一直深受亚当斯支持者所害。与此不同，亚当斯的性格既火爆易怒，又善于自嘲幽默。在1811年的圣诞节，他回应道，虽然自己也找不到和杰弗逊相互通信的理由，但是"岁月、机缘，或者命运安排，我们之间可能不久就会通信"。一周后的1812年新年，亚当斯信守诺言，给杰弗逊写了一封措辞温和、友好的信；在信中，亚当斯提到他给杰弗逊寄了一个神秘的、单独包装的"土布包裹"。杰弗逊十分高兴地给亚当斯回了一封饱含友情的信，回忆起独立战争时期那段美好的日子。几天之后，杰弗逊收到了亚当斯之前提到的那个包裹——两卷本由约翰·昆西·亚当斯于1810年所著的《修辞与雄辩术讲稿——给哈佛大学二、三年级学生的指导》（*Lectures on Rhetoric and Oratory*, *Delivered to the Classes of Senior and Junior Sophisters in Harvard University*），对此，杰弗逊欣然接受。

由此，美国历史上最伟大的通信往来之一就这样恢复了。这两位长者就哲学、历史、语言、宗教、科学、外交、政治等广泛的议题展开热烈而友好的讨论。亚当斯有时难免对政治做出尖刻批评，或者在他俩之间的对立观点上出言不逊，比如关于建立海军的需求及对他们共同的政敌汉密尔顿的看法。文如其人，亚当斯的信件更为开放、自然而幽默。他乐于把年轻自己8岁的杰弗逊称为"小伙儿"。杰弗逊则秉承西塞罗（他们俩都十分敬重的人）的更为优雅、正式和哲学化的通信风格——每封信都像一篇小型论文。

这台复印机有如杰弗逊的神来之笔，他向朋友和同事推介，并对其进
行了一些小改进以完善操作。这台复印机有两支连在一起的笔，其中
第二支在空白纸上复写操作者用第一支笔写下的所有内容。杰弗逊
用这台机器保留了自己大量去信的复印件

　　1816年4月6日，杰弗逊对亚当斯说："我的航船冲破担
忧，满怀信心。"在1816年7月12日给弗吉尼亚改革派塞缪
尔·克切瓦尔（Samuel Kercheval）的私人信件中，杰弗逊十
分罕见地表达出了这份自信。杰弗逊倾诉了弗吉尼亚州1776
年宪法的种种弊端，而他已经为此口诛笔伐了40年之久。他
意识到，这部宪法改革的最大障碍就在于弗吉尼亚人对革命早
期领袖以及他们的政治遗产的崇敬：

　　　　很多人带着一种虚伪崇拜的眼光看待宪法，把它们当
　　作神圣而不可更改的契约。人们认为上一代人的智慧无比
　　卓越，因而他们所订立的法律是不可更改的。我很了解那
　　个年代，我属于并在那个年代奋斗过。它已经为这个国家
　　留下辉煌一页。当年也正如当前，但是，它丝毫不具备当

前时代的经验；在政府部门 40 年的经历相当于一个世纪的阅历。所以，如果上一代人能死后复活，他们也会这么说的。

然后，杰弗逊雄辩地阐述了对于人类自治能力的坚定信念，并由此提出自己关于修宪的观点：

我绝对不是一位频繁并草率改变宪法和法律的拥护者。我认为最好可以具备一些无关本质的瑕疵；因为，一旦被发现，我们将能够为此而进行自我调整，并找到可行的方式来补救不利影响。但是，我也清楚地知道法律制度必须与人们的思想同步演进。随着人们的思想越来越成熟和开明，随着新领域被探索，新真理被公布，人们的秉性和观念随环境而改变，那么制度也必须与时俱进。我们不能要求一个成年人去穿他孩提时代的衣服，同理，我们也不能把文明社会置于残暴旧制度的统治下。

虽然杰弗逊对未来的表述十分激进，但在 19 世纪的前 20 年里，随着经济力量和技术变革让各州之间的联系更加紧密，他却越来越不认同这种发展方式。特别是他相当不乐意见到奴隶制及其扩张已经成为这个国家政治的核心。他在自己两种矛盾的观点之中左右为难：早年他反对奴隶制，但他同时又认为奴隶制在整个南方及作为个例的弗吉尼亚是个难以解决的问题。

但是杰弗逊仍然相信奴隶制的某些方面是可以改进的，比

如，废奴的同时，流放这些获得自由的奴隶。他越来越确信黑
人和白人是无法在同一个国家和平共处的，获得自由的奴隶必
须被流放到西部，或加勒比的海地，甚至是遣返回非洲。随着
年龄增长，杰弗逊的宪法和政治观念越来越倾向于弗吉尼亚本
地了；他觉得奴隶制的一系列矛盾越来越威胁到自己出生地的
利益以及他关于联邦的观念，为此，他深陷于失望之中。

在所有的事件中，最让杰弗逊提心吊胆的莫过于接纳密苏
里加入联邦而起的争端。1820 年 4 月 22 日，杰弗逊向约翰·
霍姆斯表达了自己的担忧。作为来自马萨诸塞缅因选区的代
表，霍姆斯曾经支持密苏里成为一个州的倡议，对于选民们反
对这个蓄奴州加入联邦表示了否决。霍姆斯希望密苏里的州地
位可以引起缅因同样的诉求，之后，他辞去了自己的议员席
位，并给杰弗逊寄送了他为选民解释自己辞职原因的信件的复
印件。

杰弗逊回信对霍姆斯表示感谢，并断言密苏里问题"是一
个重大争论，像深夜里的火警，让我惊恐不已，同时我又认为
它鸣响了联邦的丧钟"。杰弗逊进一步解释了他对于奴隶制存
在带来的种种问题："我们现在是骑虎难下了。我们既不能抓
住他，也没法让他安全离去。正义和自保难以得兼。"在杰弗
逊看来，著名的《密苏里妥协案》(Missouri Compromise) 只
是"暂缓而非终结危机"。最后，他尖锐地指出：

> 我感到十分愧疚，我将带着这样的看法死去。我们

　　1776 年代的人为这个国家的自治和幸福而牺牲，现在一切都被他们的后代因不明智、无意义的热情所抛弃。现在，我唯一期望的就是不要为此而哭泣。如果他们理智地权衡自己将抛弃的福祉，而不是关注被联盟而非独立所影响的抽象原则，那么在他们引火自焚并且辜负世界期望之前，他们就会三思而后行了。

　　杰弗逊尤其担忧北部和西部各州的众参两院议员通过国家宪法权力限制奴隶制的扩张。在杰弗逊眼中，这将对宪法带来根本性破坏；他坚持认为宪法并没有赋予中央政府限制奴隶制扩张的权力。这并不是说，让杰弗逊苦恼不已的，是因为他是奴隶制的卫道者；而在于，这种做法将严重威胁他所深信的联邦制。杰弗逊不认为自己的民族主义情感同他对于各州主权的信念之间有冲突；恰恰相反，他把这两者看作相辅相成的。他反对北方州通过自上而下的强制来实现民族主义。他认为美利坚民族性的核心在于各州主权的联合，它们拥有共同的情感和利益，但是同时各自处理自己的内部事务，包括诸如加入联邦时是否以接受或反对奴隶制的身份，而在加入之后又是否废除或者保留。

　　然而实际上，不断攀升的欠债才是对杰弗逊平静的心态最直接和紧迫的威胁，有些欠款甚至超过半个世纪之久。他对从种植园所获的收入总是有不切实际的乐观预算，转卖自己藏书所得的收入早就被日益增长的开销所掏空；而他保持自己作为弗吉尼亚种植园主领头人的社会贤达地位，以及作为众多来访者的热情东道主的美誉，更是让他捉襟见肘。在 6 年中的先后两次打击几乎彻底让杰弗逊破产。1819 年 3 月，他与自己亲密的朋友和政治盟友威尔森·加里·尼古拉斯联名签署了票据。这一联署意味着，如果尼古拉斯无法偿还贷款，那么他的借贷人就可以要求杰弗逊清还欠款。

　　为朋友进行担保是正常的行为，没有哪位绅士会拒绝施以援手而得罪朋友，因而杰弗逊愿意冒这个险。但是，1819 年 8 月，玛莎·杰弗逊·伦道夫十万火急写信给她的父亲，告知尼古拉斯即将破产；随即不久，尼古拉斯果然"羞愧"地承认自己无法偿付由杰弗逊签字的票据。尼可拉斯的违约让杰弗逊陷于不利之地。他不仅要为此承担巨额的、突如其来的债务，还要支付每年 1 200 美元的利息，这一境况一直持续到 1820 年，直到尼古拉斯于破产和难堪中逝世。祸不单行，1825 年，农业价格即作为债务担保的土地价值，大幅降价；纸币也大幅贬值，但杰弗逊各项债务支出却居高不下。杰弗逊的财务状况已经因尼古拉斯破产而遭受重创，现在更是雪上加霜。

　　十几年来，杰弗逊一直用不切实际的乐观预计来安慰自己，他设想农场和一些资产的回报率会提升，但是现在无法否认的事实是：自己可能要变得一无所有了。悲伤之余，他上书州议会，要求他们允许他通过抽签出售自己的土地，这样便能筹到足够的钱以偿还债务并可能保留蒙蒂塞洛及一处农庄。

虽然议会一开始并不同意，但之后又重新考虑举办抽签给奖活动，为杰弗逊筹钱。同时，他的朋友也在为他筹集资金化解财务压力。即使在朋友们的帮助下，杰弗逊濒临破产的状态也让他无法释放所有的奴隶——虽然并没有证据表明杰弗逊有此计划。他所做的就是释放萨莉·赫明斯的子女，据赫

玛莎·杰弗逊·伦道夫是杰弗逊夫妇六个子女中唯一存活的继承者，她长时间致力于恢复自己父亲的声望

明斯的儿子麦迪逊·赫明斯讲，这也是杰弗逊很久以前的承诺。（玛莎·杰弗逊·伦道夫则假装不知道萨莉·赫明斯离开蒙蒂塞洛，跟她的子女们住在非蓄奴州俄亥俄。）杰弗逊希望玛莎和她的丈夫托马斯·曼·伦道夫能继承并在他们的余生中管理蒙蒂塞洛，而这也是命中注定似的。

因此，在杰弗逊生命的最后，他充满了对社会及私人、对国家和个人的担忧。其他的建国一代人也有类似的情况。1802年，亚历山大·汉密尔顿在一封私人信件中悲伤地提道："日复一日，这个国家似乎都在离我而去。"甚至包括乔治·华盛顿、约翰·杰伊等在内的其他开国元勋也对美国实验的未来表

示担忧。特别是杰弗逊，他成了袭扰几乎所有弗吉尼亚开明种植园主的悖论的受害者。他们参与的美国大革命所激发的社会和经济动力破坏了那个彬彬有礼、秩序井然的世界，他们生养在其中，习惯了那样的生活并愿意那样生活，而现在，这几乎是不可能的了。

另外，杰弗逊还深受其他的侮辱轻视。在其退休的大部分时间里，杰弗逊的身体状况一直很好，那些来访者也对他的精力大加赞赏。然而，1826年初，他的身体开始走下坡路了。在他80岁时，他还能骑马，并站得笔直；但是现在他已经感受到年龄的压力了。在快83岁时，杰弗逊已经疾病缠身，包括糖尿病、关节炎、泌尿系统感染以及（有些传记作家暗示）结肠癌，这些疾病叠加在一起，伤了他的元气。每况愈下的财务情况以及他对弗吉尼亚的担忧都增添了他的负担。这些担心日益渗透在他的通信之中。

1826年7月3日，杰弗逊身体不适，他发烧了。整晚他都在问"现在是4号了吗？"临近凌晨时，他的外孙托马斯·杰弗逊·伦道夫和医生罗布利·邓格利森对他说："就快到了。"听完后，杰弗逊面带微笑，躺回自己的病榻。他要求调整下自己的枕头以便自己睡得更舒服一些，之后便陷入昏迷。

1826年7月4日，美国《独立宣言》签署50周年纪念日当天的中午12点50分，过完他的83岁生日即将满3个月时，托马斯·杰弗逊离开了人世。此时，约翰·亚当斯在8个月前度过了他的 90 岁生日，正靠在马萨诸塞昆西市自己家中他最喜欢的那把椅子上。他呼吸极为困难，喃喃自语地说道："托马斯·杰弗逊……"他的声音极为微弱，旁边的人很难听清楚；大约五小时后，亚当斯也撒手人寰。亚当斯的家人之后表示亚当斯的遗言是"托马斯·杰弗逊还活着……"

当国民得知在这个有纪念意义的日子里失去了两位伟人，他们都认为这是上帝的安排。他们也在怀疑，后人能否保护好由亚当斯、杰弗逊及其盟友通过革命而缔造的果实。

"所有的人们都看到了，或都将看到——人的权利"

1826 年 6 月 24 日，这也许是从托马斯·杰弗逊笔下写出的最后一封信，他向华盛顿特区市长罗杰·C. 韦特曼（Roger C. Weightman）道歉，由于身体原因，他不能来首都参加《独立宣言》签署 50 周年典礼。这封信是杰弗逊的"告别演讲"，再次阐明了他对于美国革命及未来民主的信念。

希望这个信号最终到达全世界——我相信一定会——有些地方快一些，有些地方慢一些，但最终会传达到所有地方。这个信号可以让人们打碎那些因无知和迷信而说服自己、束缚自己的枷锁，尝试去拥抱幸福，接受一个自治政府带来的安定。我们所采取的政府形式恢复了不受限制地行使理性和舆论自由的权利。所有的人们都看到了，或都将看到——人的权利。科学之光的全面播撒打开了真理的大门，普通大众不再带着鞍具出生，少数的特权阶层也不再本着上帝的恩典穿着踢马刺的靴子正当地骑在他们头上。这是其他人建立希望的基础。对于我们自己来说，让这每年的庆典永远提示我们拥有的这些权利并永远忠诚守护这些权利吧。我确实应该来到华盛顿，向那些硕果仅存的杰出人物欣然问候；在那一天，是投降，还是战斗，我们一起为这个国家做出了一个虽然充满疑虑但依然勇敢的决定；并且十分欣慰与他们分享，我们的同胞们在经过半个世纪的实际体验和繁荣昌盛后，将继续证明我们当年的选择是正确无误的。

资料来源：Thomas Jefferson to Roger C. Weightman, June 24, 1826, in Merrill D. Peterson, ed. *Thomas Jefferson*: *Writings*. New York: Library of America, 1984, pp. 1516 - 1517.

　　最终，托马斯·杰弗逊的一生都纠缠于过去和未来之间，纠缠于他的出生地以及他对自己和国家的抱负之间，也纠缠于他是谁与他要成为谁之间。杰弗逊的境地部分是由他对自己一生最为持久的遗产——美国革命——所寄予的希望导致的。在他所预想的全新的民主世界里，庄严、高贵且挥霍无度的乡绅日益受到制约，而他本希望这个世界交由他们进行治理。反之，他希望推动的力量却让他以及他对家族财富的希望破灭。即便如此，杰弗逊的成功也大大超出了他的预期，他对美国革命原则的雄辩阐释已经被美国人民奉为圭臬，这也成为他时至今日的标志性形象。

　　另一些事情也塑造了杰弗逊的形象，比如，他思想中不可调和的冲突，他偶尔的推诿和伪善。杰弗逊以一种雄辩的方式展示了他最终也无法解决的矛盾。这些矛盾让他终生困扰，让他的思想激烈对立，毒害他的政治生涯，并让他的晚年恐惧不安；他也日益对这些矛盾避而远之。他所信奉的理想与自己的人生轨迹之间的冲突十分激烈，尤其是体现在他努力塑造的国家信条与实际的美国历史之间的巨大差别上。

终　章

"我去世之时，尽请关照……"

　　1826 年 2 月，身体欠佳、债务缠身的托马斯·杰弗逊写信给詹姆斯·麦迪逊说："对我而言，您一直是我人生的支柱。我去世之时，尽请关照，我定有感于心。"后人也一直通过多种方式给予杰弗逊持久的关注，试图去理解他的复杂而含混的多种遗产。历史学家梅里尔·D. 彼特森（Merrill D. Peterson）发明了一个"历史造就杰弗逊"的说法，这大概可以分为四个不同阶段。

　　从 1826 年杰弗逊逝世到 1865 年内战结束，围绕杰弗逊生前的种种争论延续下来。在一个崇尚制度性宗教的年代，杰弗逊被尊为宗教信仰自由的旗手，当然也有人谴责他为无神论者、真理的敌人。同样，在一个因奴隶制及其扩张而引发区域对抗的时代，西北部各州有人称赞杰弗逊是自由与平等的坚定守护者，也有人指责他是奴隶制和社会不公的危险拥护者；而在南方，有人尊崇杰弗逊是各州主权的拥立者，也有人因他关于奴隶制邪恶性的文章而指责杰弗逊是头脑模糊的理想主义者。最后，当奴隶制演变为联邦最紧迫的威胁时，杰弗逊同时被视为美国民族主义的代言人，或是各州主权之父、反抗联邦权力以及支持脱离联邦的象征。

从 19 世纪 60 年代至 20 世纪 20 年代，杰弗逊的历史声望降到了最低点，这也是内战的一个间接后果。亚伯拉罕·林肯（Abraham Lincoln）宣称杰弗逊是他的智识偶像，并将沿着杰弗逊的原则履行总统职责。事实上，林肯在 1863 年葛底斯堡演说中把《独立宣言》而不是美国宪法当成美国的建国宪章。但是，自从李①在阿波马托克斯县府向格兰特②递交降书，在随后的几十年间，很多历史学把杰弗逊当作脱离联邦的始作俑者，正是他的很多观念鼓励了约翰·C. 卡尔霍恩（John C.Calhoun）、杰弗逊·戴维斯（Jefferson Davis）以及南部邦联谋求独立的决心。

随着美国城市化、工业化的推进，人们发现杰弗逊的思想与现实渐行渐远；他一直梦想着建立一个由自耕农组成的共和国，在他的文章中也充斥着对城市、工业和集权政府的批评。对于新式美国人来说，汉密尔顿，而不是杰弗逊，对美国的本质有着更为深刻的理解。另外，随着杰弗逊的文章越来越多地公开，学者们发现更多关于他不诚实的证据。在 20 世纪初，进步主义史学家又称赞杰弗逊对于货币财富及商业与政府之间腐败交易的批判，同时，杰弗逊支持"多数"反对"少数"统

---

① 李：南方联军司令，全名罗伯特·爱德华·李。——译者
② 格兰特：北方联军司令，全名尤里西斯·辛普森·格兰特。——译者

治的观点也受到追捧。即便如此，大家依然对他颇有微词，正如伍德罗·威尔逊（Woodrow Wilson）总统所说的，"他算不上一个伟大的美国人"。

有关杰弗逊声望的第三个阶段，其根源是大众普遍反感"咆哮二十年代"的一些过分行为。1929年股灾和大萧条使历史的天平向着有利于杰弗逊的方向倾斜。富兰克林·德拉诺·罗斯福（Franklin Delano Roosevelt）总统拥戴杰弗逊的主张，崇尚他向"为富不仁"者宣战的举措及对普通人权利的支持，赞成他对不经选举的最高法院利用司法审查的批评。有的人讽刺罗斯福把自己作为杰弗逊继承人的想法，并认为他通过"新政"构建"大政府"的行为将会令杰弗逊十分惊骇。而罗斯福及其支持者则回应，他们是在用汉密尔顿的方式（激进主义者，有力的全国政府）来实现杰弗逊的目标（最大多数人的自由和正义以及对财富高度集中带来的权力的限制）。

随着1939年二战爆发及1941年美国卷入其中，杰弗逊的形象被抬到英雄的高度。罗斯福宣告美国人民将反抗纳粹及法西斯的独裁统治，捍卫杰弗逊所开创的民主事业。1943年，在二战最为胶着的年份，美国举行纪念杰弗逊200周年诞辰的活动，进一步把杰弗逊奉为自由民主的英雄化身。20世纪40年代，美苏冷战开始，美国急切地需要在意识形态领域同共产主义展开竞争。因此，美国领导人及教育家拥戴杰弗逊式的民主，这个形象正是经过30年代学者再次构想出来的。40年代至 60 年代，宗教自由以及政教分离的运动持续发酵，进一步确立了杰弗逊作为美国价值观代表的形象。

在这一时段，美国人为杰弗逊立了 5 块"纪念碑"。第一，1938 年美国铸币局发行了新的镍币，硬币正面设计按照乌东所铸的著名杰弗逊胸像为依据，代替了此前印第安人头像；背面则是蒙蒂塞洛。第二，1941 年在南达科他州拉什莫尔山，由格曾·博格勒姆（Gutzon Borglum）负责的华盛顿、杰弗逊、林肯和西奥多·罗斯福的雕塑任务完工。第三，1943 年 4 月 13 日（杰弗逊的 200 周年诞辰纪念日），罗斯福总统为杰弗逊纪念堂在华盛顿特区落成举行仪式。纪念堂的风格与蒙蒂塞洛的圆顶及帕拉第奥建筑风格相呼应，这也是杰弗逊所心仪的。墙上刻着杰弗逊的话语，把他刻画为现代世界民主拥护者的形象。第四，1948 年，著名历史学家杜马·马隆（Dumas Malone）出版了卷帙浩繁、备受关注的六卷本杰弗逊传记的第一卷，该文集直到 1981 年才最终完成。第五，1950 年，美国总统哈里·S. 杜鲁门（Harry S. Truman）下令联邦政府资助一个全国性计划，即把美国民主进程的原始资料分享到所有研究型的图书馆，面向美国民众开放。这项工程的核心成果就是由普林斯顿大学出版的《托马斯·杰弗逊文集》。文集的编辑工作一直持续到今天，由朱利安·博伊德（Julian Boyd）负责，预计总共会达到 75～100 卷。

20 世纪 60 年代，杰弗逊声望进入第四个阶段，也是更关

坐落于美国华盛顿的杰弗逊纪念堂

键的阶段。具有讽刺意义的是，正是《托马斯·杰弗逊文集》影响下的文献整理成果推动了这个时期的到来。关于杰弗逊生平的各种证据既然很容易就能获得，学者们在新的历史条件下便可以提出棘手的问题。追求种族平等的运动引发了对杰弗逊有关黑人及奴隶制观点的探寻。学者们执着于这些话题，杰弗逊过去的经历变得黯淡无光了，杰弗逊成了奴隶主、种族理论家和奴隶制不情愿的反对者。关于土著民的新的研究成果，对于杰弗逊一直作为印第安人权利支持者的形象，也提出了质疑。另外，妇女史的兴起显示出，杰弗逊对妇女能力怀有偏见，并极不情愿把她们纳入自己的民主理想范畴之内。最后，也是最引人注目的，是萨莉·赫明斯事件。

一开始，对于詹姆斯·汤姆森·卡兰德在 1802 年首度公开的有关赫明斯的指控，很多美国人不予理会，认为是卡兰德这个酗酒成性的商人一手策划的流言蜚语。杰弗逊的女儿玛莎·杰弗逊·伦道夫、他的外孙托马斯·杰弗逊·伦道夫、外孙女埃伦·杰弗逊·库利奇（Ellen Jefferson Coolidge）以及他本人授权的传记作家亨利·S. 兰德尔（Henry S. Randall）对此都矢口否认。但是，在内战爆发之前，废奴主义者却一再援引这项指控，威廉·韦尔斯·布朗（William Wells Brown）由此创作了非裔美国人的第一本重要的小说《克洛泰尔，总统的女儿》（*Clotel, or the President's Daughter*）。1873 年，年过花甲的麦迪逊·赫明斯接受了俄亥俄州报纸《派克共和党人》（*Pike County Republican*）的采访，这位一流的退休木匠坚称自己和他的几位兄弟姊妹确为杰弗逊的子女。赫明斯在采访中详细描述了自己母亲的生活以及对杰弗逊的看法，而另一名获得自由的奴隶伊兹丽尔·杰弗逊（Israel Jefferson）在接受同一个记者采访时，印证了此番描述。这些传记素材被学者们忽视了近一个世纪。

1968 年，温斯罗普·D. 乔丹（Winthrop D. Jordan）的作品《白胜于黑》（*White over Black*）是关于美国白人对黑人观念的一项开创性研究成果，这本书也首次对赫明斯案进行了严肃的历史研究。1974 年，弗恩·布罗迪（Fawn Brodie）的《托马斯·杰弗逊：一段隐秘史》（*Thomas Jefferson：An Intimate History*）更是给出了最为牢靠的论述，认定杰弗逊与赫明斯确实存在性关系。批评者则嘲讽布罗迪滥用西格蒙

今天的蒙蒂塞洛作为铭记杰弗逊思想、纪念杰弗逊一生的圣地，以优雅、宁静而著称，吸引了很多来访者。然而，杰弗逊在世时，因为他总是尝试房屋的陈设和设计，这里却更像一个建筑工地，而不是一座成型的居所

德·弗洛伊德（Sigmund Freud）的心理学理论做推理，并存在某些基本史实方面的硬伤。在同一年，一位著名美国学者的文集反驳了赫明斯案的真实性。《名誉与建国之父：道格拉斯·阿戴尔文集》（*Fame and the Founding Fathers：Essays of Douglass Adair*）收录了阿戴尔未完成的一篇文章《杰弗逊的丑闻》，他认为杰弗逊的外甥彼得·卡尔（Peter Carr）和萨缪尔·卡尔（Samuel Carr）应该是萨莉子女的父亲。由于阿戴尔在历史解密方面的名声以及研究美国开国元勋的权威地位，他的作品给这场争议下了定论。

在之后的时间里，对于赫明斯与杰弗逊的不正当关系，大部分杰弗逊研究专家予以反对，而研究美国革命、邦联和建国史的学者则表示认可，这两个阵营的分歧不免有些奇特。直到

1997 年，法律证据学专家、纽约法学院教授安妮特·戈登-里
德（Annette Gordon‐Reed）再次论证了这个问题。作者在
《托马斯·杰弗逊和萨莉·赫明斯：一段美国争议》（*Thomas
Jefferson and Sally Hemings：An American Controversy*）
一书中，对所有证据及学者们的研究方法进行了全面分析。首
先，她表明杰弗逊研究专家关于历史证据和可信度的未被考察
的假设，让他们对赫明斯事件不予理会，这些假设包括"奴隶
总是说谎""黑人会说谎""白人诚实可靠"。第二，作者使用
交叉验证法对赫明斯家族的口头流传与他们所不能及的记录资
料进行比对研究，发现两类史料能够相互印证。因而，她让很
多读者及历史学家信服，萨莉·赫明斯与托马斯·杰弗逊之间
确实发生了性关系并育有子女。

　　在戈登-里德发布研究成果后不久，一个基因学家团队运用
新的 DNA 分析技术开展了一项研究课题。他们从 5 位直系血统
的男性身上获取了 DNA 样本，他们是托马斯·杰弗逊的叔叔菲
尔德·杰弗逊（Field Jefferson）、萨莉·赫明斯最小的儿子埃斯
顿·赫明斯、彼得·卡尔和萨缪尔·卡尔，以及托马斯·伍德
森（Thomas Woodson）。托马斯·伍德森也是杰弗逊的一名奴
隶，其后代坚称伍德森是杰弗逊和赫明斯的第一个儿子。1998
年 11 月，这个研究团队在著名的英国科学杂志《自然》（*Na-
ture*）上发表了他们的科研成果。他们得出结论：埃斯顿·赫明
斯确为一名杰弗逊家族男性成员的孩子，彼得·卡尔和萨缪

尔·卡尔都不是埃斯顿·赫明斯的父亲,托马斯·伍德森并不是托马斯·杰弗逊的后人。综合各种历史资料和 DNA 检测结果,他们认为托马斯·杰弗逊最有可能是埃斯顿·赫明斯的生身父亲。

最后,2000 年 1 月,托马斯·杰弗逊基金会的一名统计员分析除了杰弗逊之外的其他人是埃斯顿·赫明斯父亲的概率。他采用温斯罗普·乔丹最先关注的规律,研究萨莉·赫明斯每次临产前 9 个月杰弗逊在场的情况,以及其他在场者成为潜在可能父亲的情况,结果显示其他人对比杰弗逊是孩子父亲的比值为 1∶10 000。

在有关美国历史的作品中很少有如此迂回曲折的公众争论。关于杰弗逊—赫明斯存在关系的最新共识基于三个关键性成果:安妮特·戈登-里德著作对间接证据及口头流传的深入分析,《自然》杂志关于 DNA 的研究,以及统计概率学的分析。最近,"杰弗逊的捍卫者"试图论证,杰弗逊的弟弟伦道夫是那些孩子的父亲,或暗示萨莉·赫明斯跟一位以上男性发生过性行为(这其中没有杰弗逊)。这些言论仅仅因为其支持者参与的热度而名噪一时,但都无法清晰地阐明这个问题。

事态的发展对杰弗逊的品行提出了进一步的质疑。杰弗逊蓄奴已经是不对的;更糟糕的是,他还在《弗吉尼亚州笔记》中提出一宗种族主义案件,反对黑人与白人之间的两性关系,并主张获得自由的奴隶必须遣返非洲或发配加勒比,这些言论都使舆论一时哗然。基于这样的情况，我们该如何理解杰弗逊与他自己的家奴发生关系呢？这——只要奴隶主决定了，就可以行使"权利"使用一名女奴，而她却没有任何置喙的权利——算是强奸吗？杰弗逊对不同种族之间性行为的强烈攻击是种族主义的表达，还是虚伪夸张，或者两者兼有呢？杰弗逊与萨莉·赫明斯的关系是否就是一种出于爱慕的性关系？杰弗逊在蒙蒂塞洛的两个家庭——他的女儿玛莎、女婿及其子女组成的白人家庭以及由赫明斯一家所构成的黑人家庭，如何共同生活呢？这些问题，如果不是不可能，那也是很难以回答的，因为已有的证据太少了。

在杰弗逊就任总统后两百多年，在他逝世后近两个世纪，我们该如何理解他呢？1874 年，杰弗逊的传记作家詹姆斯·帕顿（James Parton）写道："如果杰弗逊错了，那么美国就错了。如果美国是对的，那杰弗逊也是对的。"帕顿的判断是基于杰弗逊起草的《独立宣言》——作为美国政治传统的核心文件和民主价值的经典阐述，《独立宣言》至今仍影响着世界范围内寻求民主和自治的人们。

但是，杰弗逊的影响力绝不仅仅限于《独立宣言》。亚伯拉罕·林肯作为唯一一位能像杰弗逊那样打动美国人民的领袖，他声称杰弗逊的主张是"自由社会的定义及公理"。当我们试图理解自由、平等、进步、宪政、政教分离以及美国革命的意义时，我们离不开杰弗逊的著述和观点所框定的语境范围。无论我们如何看待作为普通人或政治家的杰弗逊，我们都不能贬低他作为一名作家的杰出才能以及他的卓著功勋。他实现了自己展现"美国人民的思想"的抱负，成为观念变革的最佳代言人，而这场观念的变革已经改变并将继续改变美国及世界的面貌。他的言辞所具有的意义不仅仅是杰弗逊本人想要赋予的，更是后世美国人通过不断解读而赋予的。所以，不论杰弗逊能否理解 21 世纪初的美国，他的所思、所行，最为重要的是，他的所写带给我们的影响——尽管互为对立——都将与我们长存。单就这个事实而言，每一代美国人都需要重新了解杰弗逊的生活及工作，并努力发掘他含混而丰富的遗产。

南达科他州布莱克山顶峰的拉什莫尔山岩，雕刻着乔治·华盛顿、托马斯·杰弗逊、亚伯拉罕·林肯和西奥多·罗斯福的巨大头像

大事年表

1743 年　4 月 13 日（旧历 4 月 2 日），托马斯·杰弗逊出生于弗吉尼亚沙德维尔

1760 年　就读于威廉玛丽学院（1762 年毕业）

1767 年　师从威思学习法律之后进入弗吉尼亚律师界（1762—1767 年）

1768 年　当选弗吉尼亚城镇自治议会代表

1769 年　开始建筑最初的蒙蒂塞洛

1772 年　1 月 1 日与玛莎·韦莱斯·斯凯尔顿（1748 年出生）成婚

1774 年　写作《英属美洲民权概观》（1775 年出版）

1775 年　入选第二届大陆会议

1776 年　起草《独立宣言》

1777 年　着手修改弗吉尼亚法律

1779 年　当选弗吉尼亚州长

1781 年　英军迫使弗吉尼亚州政府撤离并短暂占领蒙蒂塞洛；退出政坛

1782 年　玛莎·杰弗逊去世

1783 年　重返政坛，当选邦联国会弗吉尼亚代表

1784 年　外交出访法国

1785 年　继任富兰克林，担任美国驻法公使

1786 年　颁布《弗吉尼亚宗教自由法令》

1787 年　《弗吉尼亚州笔记》第一次公开出版

1788 年　可能开始与萨莉·赫明斯（1773 年出生）的关系

1789 年　从法国返回美国

1790 年　接受国务卿的任命

1791 年　与财政部部长亚历山大·汉密尔顿分歧渐多

1793 年　卸任国务卿

1795 年　开始蒙蒂塞洛细致的重建工作

1796 年　共和党总统候选人；当选约翰·亚当斯政府副总统

1798 年　起草《肯塔基决议》，呼吁废止"外侨和惩治叛乱法"

1800 年　共和党总统候选人；击败约翰·亚当斯，与阿伦·伯尔打成平手

1801 年　众议院 36 次投票之后宣布杰弗逊当选总统；发表第一次就职演说

1802 年　开始考虑从法国手中购买新奥尔良的计划

1803 年　为刘易斯和克拉克远征做准备；商谈路易斯安

那购地案

1804 年　刘易斯和克拉克远征开始（1806 年结束）；再次当选美国总统

1806 年　发表反对伯尔阴谋的首个公告

1807 年　伯尔因叛国罪被逮捕并审判，但无罪释放；颁布禁运法

1809 年　废除禁运；退出政坛，重返蒙蒂塞洛

1812 年　与约翰·亚当斯恢复通信

1815 年　国会购买杰弗逊的藏书以重建国会图书馆

1818 年　起草《罗克菲什报告》，提议建立弗吉尼亚大学

1821 年　写作自传

1825 年　担任弗吉尼亚大学校长

1826 年　写作最后一封信；7 月 4 日逝世于蒙蒂塞洛

图书在版编目（CIP）数据

杰弗逊传/（美）R. B. 伯恩斯坦著；徐静姿译. —北京：中国人民大学
出版社，2017.3

ISBN 978-7-300-23544-8

Ⅰ.①杰… Ⅱ.①R…②徐… Ⅲ.①杰弗逊（Jefferson，Thomas 1743—
1826）—传记 Ⅳ.①K837.127＝41

中国版本图书馆 CIP 数据核字（2016）第 269433 号

杰弗逊传

［美］R. B. 伯恩斯坦（R. B. Bernstein）/著

徐静姿/译

Jiefuxun Zhuan

出版发行	中国人民大学出版社	
社　址	北京中关村大街 31 号	**邮政编码**　100080
电　话	010 - 62511242（总编室）	010 - 62511770（质管部）
	010 - 82501766（邮购部）	010 - 62514148（门市部）
	010 - 62515195（发行公司）	010 - 62515275（盗版举报）
网　址	http://www.crup.com.cn	
	http://www.ttrnet.com（人大教研网）	
经　销	新华书店	
印　刷	北京联兴盛业印刷股份有限公司	
规　格	145 mm×210 mm　32 开本	**版　次**　2017 年 3 月第 1 版
印　张	9 插页 3	**印　次**　2017 年 3 月第 1 次印刷
字　数	160 000	**定　价**　39.00 元